AF600957

APPEL
AU
GOUVERNEMENT.

APPEL
AU
GOUVERNEMENT FRANÇAIS,
SUR
LES VICES ET L'INEXÉCUTION
DU
TRAITÉ DE NAVIGATION
ET DE COMMERCE

Subsistant entre la France et la Ville de Hambourg.

A PARIS,

A L'IMPRIMERIE EXPÉDITIVE, rue St.-Benoît n°. 21.
Et chez SUROSNE, Libraire, Palais du Tribunat, Galerie de bois, n°. 253.

AN XI. — 1803.

INTRODUCTION.

QU'EST-CE qu'un traité de commerce? C'est une véritable association d'un peuple avec un autre peuple. Or, de même que pour faire prospérer une société, il faut que les mises, les talens, l'industrie, le travail, l'intérêt, soient exactement répartis et balancés entre les membres qui la composent, il est également indispensable que dans un traité de commerce les charges, les obligations, les profits et les avantages soient réciproques. Tout traité de commerce qui n'est pas basé sur ce principe, est incontestablement défectueux et nécessairement désavantageux à l'une des parties contractantes.

Il suit de-là que pour négocier un traité de cette espèce, il faut connaître non-seulement les intérêts commerciaux et la législation de son pays, mais encore être instruit des loix, des mœurs, des usages, des relations et des intérêts du pays avec lequel on traite. Comment, en effet, savoir, sans cela, ni ce qu'on donne, ni ce qu'on reçoit en échange?

Il ne paraît pas que ces connaissances aient été, ni beaucoup recherchées, ni bien approfondies par aucun de nos négociateurs français. Mais ce qui paraît hors de doute, c'est que, dans le traité subsistant entre la France et la ville de Hambourg, ils ont fait preuve d'une négligence, ou d'une inattention qu'on peut dire inexcusable. On en trouvera la démonstration dans les remarques qui suivent. Puissent-elles éclairer les négocians français, et le gouvernement! Puissent-elles tenir les premiers en garde contre la mauvaise foi des Hambourgeois dont ils n'ont été que trop souvent victimes ! Puissent-elles inspirer au second des mesures propres à arrêter pour toujours des rapines contre lesquelles il n'y a qu'un cri d'indignation dans tout le monde commerçant.

TRAITÉ
DE
NAVIGATION ET DE COMMERCE

Conclu entre la France et la ville de Hambourg, le premier Avril 1769, et renouvelé en 1789 pour 20 ans.

Préambule.

Le Roi desirant de faire connaître à la Ville libre et Impériale de Hambourg de la Hanse Teutonique, qu'en lui rendant ses bonnes graces, il a repris pour elle la même affection et la même bonne volonté que S. M. lui a témoignées ci-devant, ainsi qu'aux Villes de Lubeck et de Brême, aussi de la Hanse Teutonique, à l'exemple des Rois ses prédécesseurs, depuis Louis XI jusqu'à Louis XIV son très-honoré seigneur et bisaïeul, dans plusieurs Traités de marine et de commerce, et particulièrement dans celui du 28 septembre 1716; et S. M. ayant reçu favorablement les instantes prières et supplications de ladite Ville de Hambourg, Elle s'est déterminée à rétablir, entre ses Sujets et ceux de ladite Ville, une sincère intelligence pour l'avantage et l'utilité réciproques, sur la base dudit Traité de 1716, rectifié dans plusieurs articles dont l'expérience a démontré l'insuffisance; et Elle a nommé, en conséquence, le Sieur Marquis de

REMARQUES
SUR LE
TRAITÉ DE NAVIGATION ET DE COMMERCE,

Conclu entre la France et la Ville de Hambourg le premier Avril 1769, *et renouvelé en* 1789, *pour* 20 *ans.*

PRÉAMBULE.

PUISQU'ON s'appuie, dans ce préambule, de l'exemple des Rois prédécesseurs de Louis XV, on aurait dû, ce semble, se rappeler les motifs qui avaient inspiré à ces Rois de la bonne volonté et de l'affection pour les villes de Hambourg, Lubeck et Brême. Il fut un tems où les villes hanséatiques entraient pour quelque chose dans la balance politique de l'Europe, et où, par conséquent, leur alliance pouvait être de quelqu'avantage: ce motif devait leur mériter certaines faveurs. Mais depuis long-tems ces villes ne sont plus rien, ne comptent plus pour rien en politique, sur-tout depuis la dernière Guerre à laquelle toute l'Europe a pris plus ou moins de part, et qui a réduit le Sénat de Hambourg dans une nullité et une dépendance presqu'absolues. On ne peut et on ne doit les considérer que sous le seul rapport du commerce. Il conviendrait donc d'examiner et d'appre-

Noailles, Mestre de Camp de Cavalerie, Gouverneur de Vannes et d'Auray, son Ministre plénipotentiaire près les Princes et États du Cercle de Basse-Saxe, pour conférer avec les Sieurs Faber, Syndic, et Clamer, Sénateur, et pour convenir avec eux d'un nouveau Traité de Navigation et de Commerce; et ledit Plénipotentiaire et lesdits Députés s'étant réciproquement communiqué leurs pleins-pouvoirs, et ayant tenu plusieurs conférences entre eux, ont conjointement conclu et arrêté les articles suivans.

ARTICLE PREMIER.

Les Habitans de la ville de Hambourg jouiront, en ce qui concerne le commerce et la navigation, de la même liberté dont ils ont joui depuis plusieurs siècles. En conséquence, ils pourront trafiquer et naviguer en toute sûreté, tant en France, qu'autres royaumes, pays et mers, lieux, ports, côtes, hâvres et rivières en dépendans situés en Europe, pour y aller, venir, passer et repasser, tant par mer que par terre, avec leurs navires et marchandises dont l'entrée, sortie et transport ne sont, ou ne seront pas défendus aux sujets de S. M. par les loix et ordonnances du royaume.

fondir si ces villes n'ont pas plus d'intérêt à conserver leurs relations avec la France, que la France n'a besoin d'en entretenir avec elles; et si, par conséquent, celle-ci n'est pas en droit d'en exiger plus de faveurs, qu'elle ne doit leur en accorder. C'est là ce qu'on pourra déterminer avec facilité, quand on aura pris la peine d'étudier la nature et l'étendue des rapports qui existent de part et d'autre.

ARTICLE PREMIER.

Ce premier article renferme une concession purement gratuite en faveur de la ville de Hambourg : aucun des articles du Traité n'en offre la compensation. Pour en être convaincu, il suffit de savoir que la navigation de l'Elbe est libre à toutes les Nations de l'Europe; que tout navire français peut arriver jusqu'à Altona, c'est-à-dire, jusqu'à un cable de distance de la ville de Hambourg, sans que le gouvernement de cette dernière ville puisse y mettre ni empêchement ni obstacle, ni rien prétendre ou exiger à ce sujet. La position locale de ces deux Villes, l'accroissement progressif de la population, du commerce, de la prospérité d'Altona, et les concessions importantes dont le roi de Dannemarck a favorisé cette dernière, auraient dû rendre les Hambourgeois plus attentifs aux justes réclamations des Français qu'ils ne l'ont été jusqu'ici. Un mot, un seul mot, prononcé par le Gouvernement français, et leur ville rentrerait sous terre. Il ne faut, pour cela, ni canons ni baïonnettes.

ART. 2.

Les sujets de ladite ville qui trafiqueront et demeureront en France ne seront point assujétis au droit d'Aubaine, et pourront disposer, par testament, donation, ou autrement, de leurs biens meubles et immeubles en faveur de telles personnes que bon leur semblera, et leurs héritiers résidans en France, ou ailleurs, pourront leur succéder ab intestat, *sans qu'ils aient besoin d'obtenir des lettres de naturalité, et sans que l'effet de cette concession puisse leur être contesté, ou empêché, sous prétexte de quelques droits, ou prérogatives de Provinces, Villes, ou personnes privées. En considération de cette exemption du droit d'Aubaine en faveur des sujets de la ville de Hambourg, il a été convenu que les sujets du Roi qui trafiqueront et demeureront dans ladite ville, pourront pareillement disposer par testament, donation, ou autrement, de leurs biens meubles et immeubles en faveur de telles personnes qu'il leur plaira; que leurs héritiers résidans à Hambourg, ou ailleurs, pourront leur succéder* ab intestat, *sans aucun empêchement.*

ART. 3.

Ceux des sujets de S. M. qui sont sortis, ou qui sortiront du royaume, avec sa permission, pour s'établir dans ladite ville, pourront rentrer en France, quand bon leur semblera, sans payer de leurs effets et biens, soit meubles ou immeubles, qu'ils transporteront en France, aucun droit d'émigration, ou autre, sous quelque dénomination que ce puisse être; les sujets de la ville de

Art. 2.

Le but de cet article a été d'établir une juste réciprocité au sujet des successions. Il est cependant d'une vérité exacte que cette réciprocité est toute à l'avantage des Hambourgeois. A l'époque du Traité, il n'existait pas une seule maison française à Hambourg, tandis qu'au contraire, un grand nombre de Hambourgeois avaient des établissemens dans presque tous les ports de France. Il existe encore, à cet égard, une disproportion énorme, qui dérive de la nature des choses; et, depuis la paix générale, tout le monde sait que plusieurs milliers de familles françaises ont quitté cette ville, où elles s'étaient réfugiées, pour rentrer dans leur patrie. Ainsi la ville de Hambourg n'offre qu'un seul point aux Français, tandis que la France présente aux Hambourgeois une immensité d'étendue ouverte à tous les établissemens qu'ils veulent y former.

Art. 3.

Même observation à faire sur cet article que sur le précédent. Mais il faut de plus faire attention qu'ici la ville de Hambourg n'accorde rien aux Français que ce qu'elle accorde indistinctement et sans aucune exception, à tout *quidam* qui veut s'y établir. Toute personne, de quelque nation qu'elle soit, qui se fait simplement admettre à la liaison de la ville, à ce

Hambourg jouiront, en pareil cas, de la même liberté et des mêmes exemptions.

ART. 4.

A l'égard des successions, soit mobiliaires, soit immobiliaires que les sujets de ladite ville recueilleront en France, il en sera perçu, outre les droits locaux usités en pareil cas, au profit du Roi, ou de qui il appartiendra, un droit de détraction dans la même quotité, savoir, dix pour cent de la valeur du capital ; et tant et si long tems que ce droit sera perçu par la ville de Hambourg des successions qui échoiront aux sujets de S. M. dans cette ville et dans son territoire.

ART. 5.

Les Bourgeois et sujets de Hambourg ne seront tenus de payer pour leurs marchandises et denrées, tant à l'importation en France, qu'à l'exportation, d'autres ni de plus grands droits que ceux que paiera la nation du Nord la plus favorisée. Quant à leurs personnes,

qu'on appelle le *Contrat étranger*, peut se retirer, quand bon lui semble, sans payer aucun droit d'émigration, ou autre, de ses biens et effets. La réciprocité ne porte donc, et ne peut porter, que sur les Français qui se font recevoir Bourgeois, et le nombre de ces derniers était *zéro* à l'époque du Traité.

ART. 4.

Cet article semblerait présenter quelqu'avantage à la France, le nombre des Hambourgeois qui y sont établis étant bien plus considérable que celui des Français établis à Hambourg. Mais il faut faire attention qu'en général les Hambourgeois, ainsi que presque tous les autres étrangers, attirés par l'appât du gain, ou par une spéculation quelconque, quittent la France aussi-tôt qu'ils y ont fait fortune, et que, par conséquent, ils y laissent très-rarement des successions à recueillir. A supposer, du reste, que le nombre en serait égal dans les deux Pays, l'avantage se trouverait encore du côté de Hambourg, ce qu'on appelle les droits locaux y étant bien plus considérables qu'ils ne l'ont jamais été dans aucune partie de la France, sur-tout depuis le nouvel ordre de choses établi par la révolution.

ART. 5.

La rédaction de cet article annonce un manque absolu de connaissances locales de la part du Négociateur français.

Suivant cette stipulation, un Hambourgeois peut s'établir dans telle partie de la France que bon lui

biens meubles et immeubles, et denrées de consommation pour leurs maisons en France, ils ne seront tenus de payer d'autres, ni de plus grands droits, contributions et charges, que ne paieront les propres et naturels sujets de S. M. Les mêmes dispositions auront lieu dans la ville de Hambourg à l'égard des sujets du Roi; c'est-à-dire, que, pour ce qui concerne le fait de la navigation et du commerce, ils y seront traités comme la nation la plus favorisée; et qu'à l'égard de leurs personnes, de leurs contributions, de leurs biens meubles et immeubles et des denrées de consommation pour leurs maisons, ils seront traités comme les propres sujets et bourgeois de la même ville.

semble : il peut y exercer son industrie ou sa profession, sans difficulté et sans entraves ; il peut y faire des acquisitions territoriales ; il n'a pas à payer pour cela un sol de plus que s'il était né français.

Il n'en est pas de même à Hambourg. Les habitans y sont divisés en trois classes : les grands, les petits Bourgeois, et ceux qui sont admis à la liaison de la ville ; ce qu'on appelle le *Contrat étranger*.

Qu'un Français demande à être admis dans l'une de ces trois classes, il y sera reçu, sans doute, et en cela on ne lui fera aucune faveur, puisqu'on n'élève aucune difficulté à personne, quelque soient son pays et sa naissance. Mais cette admission est-elle gratuite? Point du tout. Pour devenir petit bourgeois, il en coûte au-delà de 150 liv. de France ; et au-delà du double pour devenir grand bourgeois (1). A l'égard du contrat étranger, c'est une affaire de convention ; on marchande tant qu'on peut, et l'on s'en tire quelquefois à meilleur compte.

Que l'on soit reçu dans l'une de ces trois classes, on croira peut-être qu'un Français est libre d'exercer sa profession et de faire valoir son industrie comme bon lui semble! Rien moins que cela. S'il n'est que petit bourgeois, il ne peut faire que le commerce de détail, et pas encore toute sorte de commerce. C'est

---

(1) On jouit de quelque modération, quand on est fils de Bourgeois, le droit de bourgeoisie étant personnel et non transmissible.

pire, encore, s'il veut exercer une profession quelconque, il faut, pour cela être non-seulement reçu dans une des corporations de la ville, mais encore posséder une des maisons affectées à l'exercice de certaines professions. Il y en a pour la boulangerie, pour les brasseries, etc. et ces maisons sont vendues en raison du privilége dont elles jouissent; c'est-à-dire, trois et quatre fois plus qu'elles n'ont de valeur réelle.

Qu'il soit admis dans la grande bourgeoisie, l'étranger jouit de la plénitude des droits qui y sont attachés, si toutefois il professe la religion dominante du pays, qui est la luthérienne; car s'il en professe une autre, il ne peut, ni occuper aucune place, ni aspirer à aucun emploi public.

A l'égard du *contrat étranger*, il donne, à peu de chose près, les mêmes avantages que la grande bourgeoisie; c'est-à-dire, qu'à l'exception de la faculté du transit des marchandises, de celle de faire des acquisitions territoriales et de l'exemption de quelques petits droits, celui qui est admis à ce contrat jouit des mêmes avantages que le Bourgeois qui ne professe pas la religion dominante du pays. Aussi, presque toutes les familles calvinistes préfèrent-elles ce contrat à la bourgeoisie. Quand elles veulent faire des acquisitions territoriales, elles les font sous un nom emprunté.

Rangé qu'il soit dans l'une des trois classes que l'on vient de désigner, tout étranger doit payer en outre les impositions établies ; et il n'est pas hors de propos de les faire connaître.

L'imposition foncière qui porte sur les propriétés et fonds de terre.

La capitation qui porte sur la personne et qui est presqu'arbitraire.

Autre imposition qu'on apelle *graben geld*, ou re-creusement des fossés ; que l'on double et que l'on triple suivant le besoin.

Enfin le quart pour cent à payer chaque année sur tout le capital qu'on possède.

Il faut encore ajouter à cela, l'imposition sur les domestiques mâles et femelles ; sur les chevaux et sur les voitures ; la contribution pour le nétoyement des rues ; et finalement la garde bourgeoise, autre espèce d'impôt que perçoivent à leur profit une soixantaine d'individus décorés du titre de capitaine.

Que l'on compare, d'après ce détail, et que l'on juge en faveur de qui penche la balance dans l'article qui vient de donner lieu à cette explication. Qu'on ne perde pas, au surplus, de vue que la constitution de Hambourg admettant indistinctement tous les étrangers à participer, en payant, aux droits de bourgeoisie, il ne résulte et ne peut résulter de ce même article aucune espèce de faveur pour les Français, dès qu'ils sont tenus de payer et qu'ils paient à l'unisson.

Art. 6.

Les navires de la ville de Hambourg seront exempts du droit de fret de cent sous par tonneau pendant le tems fixé pour la durée du présent Traité; et ils jouiront de cette exemption de même qu'en jouissent actuellement les Hollandais, et tant et si long-tems qu'aucune nation du Nord en jouira. On n'exigera point desdits navires, dans les ports de France, d'autres ni de plus grands droits d'ancrage, d'amirauté, visite, pilotage et autres semblables, que ceux que paye actuellement la nation du Nord la plus favorisée. Les Français seront pareillement exempts du droit de fret qui se lève à Hambourg sous le nom de last-geld. *ou sous toute autre dénomination que ce puisse être, tant et si long-tems que les Hambourgeois jouiront de l'exemption du droit de fret en France. On n'exigera pas, non plus, desdits vaisseaux français, dans le port de ladite ville, d'autres, ni de plus grands droits, d'ancrage, de passeport, de patache, et autres semblables que ceux que paiera la nation la plus favorisée.*

Art. 7.

L'on dépêchera dans les Douanes et Bureaux, tant en France qu'à Hambourg, également et sans distinction, les sujets respectifs, aussitôt qu'il sera possible, sans leur causer aucun empêchement, ni retardement, quels qu'ils puissent être.

Art. 6.

Pour sentir tout le désavantage de cet article pour la France, il ne faut que savoir combien peu de navires Français fréquentent le port de Hambourg, et combien le nombre en est disproportionné avec les navires de cette ville qui se rendent dans les ports de France. Du reste dans la partie de cet article qui stipule la réciprocité en faveur des Français, on a fort adroitement suprimé le *pilotage;* attendu que celui-ci n'est pas exercé par les Hambourgeois, mais par les sujets du Roi de Danemarck. Ce pilotage n'est pas taxé dans le pays, comme par-tout ailleurs, en raison de la peine et des risques que court le pilote pour aller prendre un navire en mer pendant un gros tems, et le conduire dans le port. C'est, à proprement parler, une rançon que le pilote impóse à son gré et à laquelle le capitaine du navire est forcé de souscrire. Toutes les réclamations que l'on ferait pour la faire modérer seraient sans succès.

Art. 7,

Cet article aurait dû inspirer la curiosité d'examiner le tarif de la douane de Hambourg, que le plus grand nombre des habitans de cette ville ne connaît même pas; et l'on aurait encore dû prendre la précaution d'en joindre un exemplaire au traité, afin de prévenir toute perception arbitraire. Cette négligence est cause qu'il régne dans cette partie une espèce de

Art. 8.

Les sujets du Roi qui sont créanciers des bourgeois, habitans et sujets de Hambourg seront traités dans les faillites et dans la collocation des créanciers, comme les bourgeois de ladite ville; ensorte qu'il n'y ait plus dorénavant, dans ladite ville, aucune préférence, ni distinction, au préjudice des sujets du Roi, comme il n'y en a point, à cet égard, en France au préjudice des Hambourgeois.

grimoire qui sert à couvrir une foule d'infidélités, dont les étrangers ne se doutent même pas.

Il est, du reste, à remarquer que les droits de douane sur plusieurs de nos productions sont beaucoup plus considérables qu'ils ne devraient l'être. Une demi pièce d'eau de vie doit payer environ 15 l. d'entrée. Il y a beaucoup de variété dans les droits sur les vins; et certains articles, tels que le verdet, sont beaucoup trop surchargés. On aurait dû, ce semble, porter une attention d'autant plus particulière à l'objet dont il est ici question, que le traité procurant à la ville de Hambourg une foule d'avantages, il était naturel d'en recevoir la compensation de ce côté, puisqu'il n'y avait pas possibilité de la trouver ailleurs.

Art. 8.

Il faut connaître la législation de Hambourg, il faut être au fait de toutes les friponneries qui se commettent dans cette ville, pour sentir combien peu les Français ont à espérer de cet article, rédigé entièrement en faveur des Hambourgeois, quoiqu'avec l'apparence d'avoir établi une juste réciprocité.

Il n'y a point de contrôle établi à Hambourg pour assurer aux actes une date certaine. Les notaires même n'en tiennent pas registre : tout s'y fait sur feuilles volantes : rien de plus facile, par conséquent, que les antidates.

Toutes ventes, cessions et transports de biens,

et de marchandises de particuliers à particuliers et même de la part d'un père à sa femme et à ses enfans, sont permis et autorisés par la loi, quand même ils ne précéderaient que d'une heure la déclaration de la faillite.

On ne peut dans aucun cas contraindre un négociant non-failli à représenter ses livres de commerce ; et il n'existe d'ailleurs aucun moyen de constater la fraude de ces ventes et cessions.

Lors, donc, qu'un Hambourgeois se trouve dérangé dans ses affaires, ou qu'il se décide à devenir fripon, il commence par grossir la somme des hypothèques et il couvre les créances de ses compatriotes, au détriment des étrangers, qui sont seuls appelés à perdre ; il a ensuite l'attention d'en choisir deux, qui devenant nécessairement syndics de la masse, imposent telle loi que bon leur semble à tout ce qui est créancier étranger. Telle est la manœuvre qui se pratique à Hambourg dans toutes les faillites. Elle y est tellement autorisée, que celui-là y passe pour un voleur, qui veut faire participer également à son malheur et ses compatriotes et les étrangers. (1). Un

(1) Il est prétendu que le Sénat de Hambourg s'occupe d'un Réglement pour empêcher, ou pour rendre moins fréquentes ces fraudes ; mais il est plus que douteux qu'avec la nature du pouvoir qu'il exerce, il puisse jamais parvenir à ce but bien desirable, sur-tout pour les étrangers.

exemple très-récent confirme ce qu'on avance. On s'est presque coalisé pour abandonner à son malheureux sort, une maison qui a eu la délicatesse de ne pas vouloir se prêter à ces mesures d'iniquité (1).

---

(1) Cet exemple prouve qu'il y a quelques heureuses exceptions à faire parmi les Hambourgeois. Oui, sans doute; et c'est une justice qu'on doit leur rendre, il y a parmi les négocians de Hambourg des hommes infiniment honnêtes. Ce n'est donc pas d'eux que l'on entend parler. Il y aurait d'autant plus de tort à les confondre avec le très-grand nombre de leurs compatriotes, qu'ils sont les premiers à les blâmer, et à se plaindre ouvertement de l'insuffisance des lois pour prévenir et pour arrêter un désordre qui n'est pas moins nuisible à l'intérêt bien entendu de leur pays, qu'à celui de l'étranger.

ART. 9.

S. M. ayant proposé d'établir un tribunal particulier pour juger promptement toutes les affaires contentieuses de ses sujets dans la ville de Hambourg ; et le Sénat de ladite ville ayant représenté que cet établissement exigerait beaucoup de tems , S. M. a bien voulu accepter provisionnellement l'offre qui lui a été faite d'établir une commission particulière pour la plus prompte instruction et décision des affaires de commerce , soit en accommodant les Parties , soit en référant au Sénat , ne suspendant qu'à cette condition les arrangemens à prendre , de part et d'autre , pour l'établissement du susdit tribunal particulier : et , en attendant , le Sénat de Hambourg pourvoira , aussi , par un réglement , à ce que les procès des sujets du Roi , autres que ceux qui sont relatifs au commerce , soient terminés le plutôt qu'il sera possible , et au plus tard dans un an , à compter du jour de la première assignation , si la nature de l'instruction ne s'y oppose pas évidemment.

ART. 9.

Cet article est, sans contredit, le plus important et le plus essentiel de tous ceux du traité ; et cependant c'est celui de tous qui est le plus complettement resté sans exécution.

Si le principal mérite de la langue Française est d'être claire et exempte des doubles sens qu'on reproche aux langues étrangères, il doit nécessairement résulter de cet article :

1°. Que déjà, dès 1769, des plaintes s'étaient élevées de la part des Français, contre les abus des formes usitées à Hambourg dans l'instruction des procès et contre la longueur des procédures; puisque pour y remédier, le gouvernement fit proposer l'établissement d'un tribunal particulier.

2°. Que le Sénat de Hambourg reconnut lui même ces vices et ces abus ; puisqu'au lieu de combattre la proposition, au fond, il ne s'attacha qu'à en modifier la forme, en offrant d'établir une commission particulière pour les affaires de commerce, et un règlement pour faire terminer dans l'espace d'un an toutes les autres affaires.

3°. Qu'en acceptant cette commission particulière et ce règlement, le gouvernement ne se désista pas de l'établissement du tribunal particulier ; qu'il ne fit, au contraire, que suspendre les arrangemens à prendre, de part et d'autre, pour former cet établissement.

4°. Que la commission particulière offerte par le

Sénat pour les opérations de commerce doit procéder sommairement dans ces sortes d'affaires; puisqu'on voit, d'un côté, que le but qui lui est assigné est la plus prompte instruction et décision des affaires de commerce; et que, d'autre part, le mode de cette instruction est déterminé par un référé au Sénat, dans le cas que les commissaires ne puissent pas engager les parties à un accommodement.

5°. Enfin que cette commission, ainsi que le règlement concernant les procès, autres que ceux qui sont relatifs au commerce, auraient dû être établis par le Sénat immédiatement après la ratification du traité.

Cependant 33 ans se sont écoulés et malgré les nombreuses contestations que les négocians Français ont eu à essuyer de la part des habitans de Hambourg, ni la commission pactée et convenue, ni le règlement, n'existent point encore. Victimes dans tous les tems de la mauvaise foi des Hambourgeois, jamais les Français n'ont pu obtenir la moindre justice de leurs tribunaux. Constamment rebutés, ou repoussés par des formes aussi embarrassantes que dispendieuses, au préjudice et au mépris de la stipulation qu'on vient de rapporter, ils ont toujours dû, et doivent encore, ou renoncer à leurs prétentions quelle qu'en soit l'évidence, ou se soumettre aux conditions que leurs débiteurs veulent leur imposer. Il n'est pour eux que ce seul moyen d'éviter leur ruine. Ces faits peuvent paraître extraordinaires; mais ils n'en sont pas moins vrais; qu'on interroge l'un après l'autre les négocians

Français qui ont fait et qui font des affaires à Hambourg, et il n'en est pas un seul qui ne les scelle de son témoignage. Le gouvernement, qui plus est, en a lui même fait l'expérience. Personne n'ignore que ce n'est qu'en usant de menace vis-à-vis du Sénat qu'il a pu avoir satisfaction d'une maison de Hambourg qui avait trompé sa confiance.

Mais un fait plus positif encore : la commission dont il s'agit dans cet article a été formellement demandée au Sénat de Hambourg depuis environ dix-huit mois : on a de plus requis à ce sujet l'intervention de l'envoyé de la république ; et qu'en est-il résulté ?

Le Sénat d'Hambourg a constamment écarté cette demande, tantôt en prétendant que quand un procès a été commencé dans les formes consacrées par les lois du pays, on ne peut plus s'écarter de ces formes, et qu'il faut en continuer l'instruction de la même manière ; et tantôt en soutenant que l'affaire qui donne lieu à la réclamation n'est pas une affaire de commerce. Quant à l'envoyé de la république à Hambourg, au lieu d'appuyer la demande, comme devait l'y obliger son ministère, il n'a fait usage de son autorité, il ne s'est servi de son influence, de son crédit, que pour détourner la question, que pour écarter l'attention que le gouvernement doit nécessairement donner au succès d'une réclamation qui intéresse le commerce de France en général. Il serait trop long de rapporter ici en détail les preuves géminées et des refus du Sénat, et de la conduite du ministre de la république : on trouvera ces preuves à la fin de ces remarques, dans les lettres qui ont été écrites à ce ministre et dans les copies des requêtes et des décrets qui lui ont été adressés ; on y trouvera aussi la réfutation la plus complette de tous les sophismes que le Sénat d'Hambourg a avancés pour se dispenser de remplir son engagement.

Ce qu'il importe de faire observer ici c'est 1°. que l'article dont il s'agit ne déterminant pas à qui doit appartenir de décider ce qui est, ou n'est pas objet de commerce, le Sénat d'Hambourg ne manquera jamais de prétendre qu'une affaire n'est pas affaire de commerce, toutes les fois qu'on voudra la porter devant la commission qu'il s'est obligé d'établir. Et c'est là ce qui est arrivé quand il s'est vu pressé de nommer cette commission.

C'est, en second lieu, qu'alors même qu'il aura été contraint de faire le règlement qui doit réduire la longueur des procès, autres que ceux qui sont relatifs au commerce, à un an au plus tard, le Sénat se servira toujours de cette clause, *si la nature de l'instruction ne s'y oppose pas évidemment*, pour en prolonger l'instruction et le jugement à l'infini.

Soit, donc, que le Gouvernement parvienne à faire établir, ou la commission pactée et convenue, ou le Tribunal particulier qu'il avait eu d'abord en vue, soit encore qu'il obtienne du Sénat, le règlement que celui-ci s'est obligé de faire, qu'on se pénétre bien que les causes des Français à Hambourg, seront toujours interminables, si on ne contraint pas cette ville à adopter pour l'instruction et jugement des affaires mercantiles, la forme de procéder de nos Tribunaux de commerce; si on ne lui ôte pas la faculté de juger arbitrairement de ce qui est, ou n'est pas affaire de commerce; et sur-tout, si on ne porte une attention toute particulière à rendre moins communs et moins fréquens les sujets d'appel à la chambre impériale de Weztlar.

On ose même assurer avec confiance, qu'à moins de connaître, jusqu'à un certain point, les lois et les usages de la ville de Hambourg, jamais on ne parviendra à stipuler avec cette ville, sur le sujet dont s'agit, de manière à établir cette juste réciprocité qui doit être la base de tout traité de commerce. Pour sentir cette vérité, on n'a qu'à fixer l'attention sur les cas suivans.

Qu'un Hambourgeois soit créancier d'un Français, pour fait de commerce; si ce dernier ne le paie pas, il obtient sentence contre lui, et acquiert par cette sentence le droit de le faire exécuter, tant en sa personne qu'en ses biens. Dans pareil cas, le Français ne jouit pas du même avantage. Un bourgeois de Hambourg n'est pas assujéti à la contrainte personnelle. C'est tout au plus, si le Français parvient à faire saisir les biens de son débiteur; mais, dans ce cas même, il ne trouvera rien à saisir. Tout aura disparu, par le moyen des ventes et des cessions.

Qu'un Hambourgeois expédie des marchandises à

un Français ; s'il vient à apprendre que celui-ci est dérangé dans ses affaires ; qu'il n'a pas accepté, ou payé ses traites, il peut faire arrêter de suite ces marchandises ; et le Français les eût-il reçues ; fussent-elles dans ses magasins, on les délivrera au Hambourgeois, sans aucune difficulté, pourvu qu'elles soient encore sous corde et marque, ou qu'il puisse en prouver l'identité (1). En pareil cas, le Français a beau courir ; il a beau arriver sur les lieux avant ses marchandises ; il ne peut en obtenir la délivrance, soit parce que son débiteur en a fait vente sous voile, ce que la loi du pays autorise, soit parce que la masse des créanciers s'en est emparée, et que pour l'en déposséder, il faudrait s'engager dans un procès sans fin.

Qu'un Hambourgeois ait une contestation avec un Français pour fait de commerce ; qu'il s'agisse d'un point qui peut être éclairci par la représentation des livres de ce dernier, on ordonnera de suite cette représentation ; on fera procéder au compulsoire de tous les articles relatifs à la contestation. En pareil cas, un Français ferait inutilement une semblable demande. Les livres de commerce d'un Hambourgeois sont plus sacrés que ne le fut jamais l'arche d'alliance : personne que lui n'a le droit d'y toucher. Il faut en passer par tout ce qu'il lui plaît de dire. Lorsqu'il a porté en compte une somme quelconque pour fait de magasinage, ou autres frais, il

(1) C'est ce qu'on appelle droit de suite.

n'y a pas de Tribunal qui puisse en ordonner, ni la preuve, ni la modération.

Qu'un Hambourgeois soit porteur d'un titre quelconque contre un Français ; si celui-ci dénie son écriture, ou sa signature, dès le premier mot, on prononcera qu'il doit s'inscrire en faux ; et cela fait, on ordonnera la vérification. A Hambourg, c'est un tout autre systême : On y soutient que tout titre devient nul, en jurant qu'il est faux ; ou même qu'on le croit faux. La loi et l'opinion dans cette ville, semblent s'accorder pour établir que là il n'y a que des honnêtes gens, et que par-tout ailleurs, il n'y a que des fripons. (1)

On pourrait citer une foule d'autres cas ; mais, on pense que ceux qu'on vient de rapporter doivent suffire pour faire sentir l'extrême désavantage que les Français éprouvent dans leurs relations commerciales avec la ville de Hambourg. On ne prétend pas, du reste, contester le droit qu'a tout pays, de se donner telles lois que bon lui semble. Mais c'est le comble de la démence, et personne n'en doutera, de ne pas soumettre les habitans de ce pays à être traités chez leurs voisins, ainsi et de la même manière que leurs voisins sont traités chez eux. Tout marché est réputé frauduleux, s'il n'y a que gain d'un côté, et perte de l'autre.

---

(1) Voyez les pièces et documens qui font suite à ces remarques.

Art. 10.

Les capitaines, maîtres, ou patrons des navires de la ville de Hambourg, leurs pilotes, officiers, mariniers, matelots, ou soldats ne pourront être arrêtés, ni les navires détenus, ou obligés à aucun service ou transport, même les denrées et marchandises ne pourront être saisies dans les ports de France, en vertu d'aucun ordre général ou particulier, ni pour quelque cause que ce soit, quand même il s'agirait de la défense de l'état, si ce n'est du consentement des intéressés, ou en payant, sans préjudice néanmoins des saisies faites d'autorité de justice et dans les règles ordinaires pour dettes, contrats, ou autres causes, pour raison desquelles il sera procédé par les voies de droit suivant les formes ordinaires.

Art. 11.

Les navires appartenans aux habitans de la ville de Hambourg passant devant les côtes de France et relâchant dans les rades, ports et rivières du Royaume, par tempête ou autrement, ne seront contraints de décharger, ou vendre leurs marchandises, en tout ou en partie, ni tenus de payer aucun droit, si non pour les marchandises qu'ils y déchargeront volontairement et de leur gré. Pourront néanmoins les capitaines, maîtres ou patrons des navires de la ville de Hambourg , vendre une partie de leur chargement pour acheter les vivres dont ils auront besoin, et les choses nécessaires au radoub de leurs vaisseaux , après en avoir obtenu la permission des officiers de l'amirauté , auquel cas ils ne paieront les droits que des marchandises qu'ils auront vendues , ou échangées.

Art. 12.

S'il arrive que des vaisseaux de guerre , ou navires marchands , échouent , par tempête , ou autrement , sur les côtes de France , ou sur celles de la ville de Hambourg , lesdits vaisseaux , ou navires , leurs apparaux et marchandises , vivres , munitions et denrées , ou les deniers qui en proviendront en cas de vente , seront rendus aux propriétaires , ou à ceux qui auront charge ou pouvoir d'eux , sans aucune forme de procès ; pourvu que la réclamation en soit faite dans l'an et jour , en payant seulement les frais raisonnables et ceux du sauvement , ainsi qu'ils seront réglés : à l'effet de quoi S. M. et le Sénat de ladite ville donneront leurs ordres pour faire châtier sévèrement ceux de leurs sujets qui auront profité ; ou tenté de profiter d'un pareil malheur. Les marchandises des bâtimens échoués ne pourront être vendues avant ledit terme d'un an et jour , si ce n'est qu'elles soient de qualité à ne pouvoir être conservées. Mais s'il ne se présente point de réclamateur , ou personne de sa part , dans le mois après que les effets auront été sauvés , il sera procédé par les officiers de l'amirauté de France , ou par ceux de ladite ville , à la vente de quelques marchandises des plus périssables, et le prix qui en proviendra sera employé au paiement des salaires de ceux qui auront travaillé au sauvement ; desquelles ventes et paiement il sera dressé procès-verbal.

ART. 10, 11 et 12.

Il n'est pas difficile de s'appercevoir que les trois articles qui précèdent n'ont été insérés que pour le seul avantage de la ville de Hambourg; puisque les cas dont ils traitent ne peuvent presque jamais avoir lieu à l'égard des Français. Comment, en effet, les navires de ces derniers feraient-ils naufrage sur les côtes de Hambourg, tandis que cette ville ne possède point de côtes ? Il faudrait le faire, pour ainsi dire, à dessein pour aller échouer auprès de Cuxhaven, seul et unique port de Hambourg sur la mer du nord. Ce n'est pas, du reste, que ces articles ne soient justes : mais encore, faudrait-il en recevoir la compensation, et c'est ce qu'on ne trouve point dans aucun des articles de ce traité.

ART. 13.

S'il survenait une guerre entre le Roi et quelques puissances, autres que l'Empereur et l'Empire d'Allemagne (ce qu'à Dieu ne plaise,) les vaisseaux de S. M. et ceux de ses sujets armés en guerre, ou autrement, ne pourront empêcher, arrêter, ni retenir les navires de ladite ville de Hambourg, sous quelque prétexte que ce soit, quand ils iraient dans les villes, ports, havres et autres lieux dépendans des puissances ennemies de S. M, si ce n'est dans les cas ci-après expliqués: et pour prévenir autant qu'il sera possible tout commerce illicite en tems de guerre, le Sénat de ladite ville s'engage, en cas de rupture entre la France et quelques puissances autres que l'Empereur et l'Empire d'Allemagne, de ne pas permettre, sous quelque prétexte que ce soit, que les bourgeois, habitans, ou sujets de ladite ville fournissent aux ennemis du Roi, aucunes armes et munitions de guerre, ni marchandises de contrebande ci-après désignées.

ART. 14.

Comme il est nécessaire que les bourgeois et habitans de la ville de Hambourg sachent en quoi consiste la liberté de leur commerce et navigation en tems de guerre, et qu'ils aient une connaissance parfaite des risques qu'ils courront en faisant un commerce illicite et défendu, il a été convenu que la confiscation aura lieu.

1°. *Lorsque des effets, marchandises et denrées appartenans aux bourgeois et habitans de ladite ville, se trouveront chargés dans un navire ennemi, quand même ils ne seraient pas de contrebande.*

2°. Quand des effets ou marchandises de contrebande ci-après désignés, se trouveront chargés dans un navire de ladite ville, et que leur destination sera d'être portés aux pays et places des ennemis de la couronne.

3°. Lorsque des effets, marchandises et denrées appartenans aux ennemis du Roi, et servans à l'équipement, approvisionnement ou sustentation de leurs troupes ou de leurs auxilliaires, se trouveront chargés dans un navire de ladite ville.

Pour ce qui regarde le navire même et le reste du chargement, la décision se trouve à l'article 17 du présent traité.

ART. 15.

Sous le terme de marchandises de contrebande sont entendus les munitions de guerre et armes à feu, comme canons, mortiers, mousquets, bombes, saucisses, cercles poissés, affuts, fourchetes, bandoulières, poudre, mêches, salpêtre, bales, souffre, et toutes sortes d'armes, comme piques, épées, morrions, casques, cuirasses, hallebardes, javelots et autres armes de quelque espèce que ce soit, ensemble les chevaux, selles de cheval, fourreaux de pistolets et autres assortimens servant à l'usage de la guerre.

ART. 16.

Ne seront point compris dans ce genre de marchandises de contrebande les fromens, bleds, et autres grains, légumes, vins, huiles, sel, ni généralement tout ce qui sert à la nourriture et sustentation de la vie; mais au contraire lesdites denrées chargées dans un navire de Hambourg et appartenans aux bourgeois et habitans de ladite ville, ou à une nation amie de la France, ou neutre, demeureront libres, comme les autres marchandises non comprises dans l'article précédent; quand même elles seraient destinées pour une place ennemie de S. M., à moins que ladite place ne fût actuellement investie, bloquée ou assiégée par les armes de S. M.

ART. 17.

Les marchandises de contrebande et les denrées de la qualité spécifiée ci-devant par les articles précédens et dans les cas y expliqués, ainsi que les effets et marchandises généralement quelconques appartenans aux ennemis du Roi, qui se trouveront sur les navires de ladite ville, seront confisqués; mais le navire et le reste du chargement ne seront pas sujets à la confiscation.

ART. 13, 14, 15, 16 et 17.

Il est bien évident que dans les cinq articles qu'on vient de lire, on n'a eu en vue que de favoriser le commerce et la navigation de Hambourg, sans aucune espèce de compensation pour la France, la réciprocité ne pouvant avoir lieu de la part d'une ville qui est hors d'état de faire aucun armement. Mais ce qui a lieu d'étonner, c'est l'exception qu'on a faite en faveur de l'Empereur, dans l'article XIII.

Que, dans une guerre de la France contre l'Empire, la ville de Hambourg prenne parti, cela est naturel et juste; puisqu'elle fait partie du corps Germanique. Mais dans toute guerre particulière à l'Empereur, la ville de Hambourg ne peut pas et ne doit pas être partie; puisqu'une pareille guerre n'est pas dirigée contre le corps Germanique, mais contre un Souverain particulier. Il paraît que dans les négociations qui ont eu lieu dernièrement à Ratisbonne, on a voulu assurer la neutralité des villes Impériales dans toutes les guerres qui pourront avoir lieu désormais en Allemagne. Mais comment cette neutralité sera-t-elle observée? On n'a qu'à se rappeler la conduite que tint la ville de Hambourg dans la guerre de 1756, et l'arrêt que Louis XV fit rendre par son conseil, le 24 mai 1760. Dans cette circonstance, cette ville connivait, non-seulement avec les ennemis de la France, mais avec ceux de l'Empereur et de l'Empire.

Quant à la désignation des objets de contrebande

ART. 18.

Si les capitaines ou maîtres desdits navires avaient jeté leurs papiers à la mer, le navire et tout le chargement seront confisqués.

ART. 19.

Les navires de Hambourg avec leur chargement seront de bonne prise, lorsqu'il ne s'y trouvera ni charte-partie, ni connaissement, ni factures.

ART. 20.

Les capitaines, maîtres, ou patrons de ladite ville de Hambourg qui auront refusé d'amener leurs voiles après la semonce qui leur en aura été faite par les vaisseaux de S. M., ou par ceux de ses sujets armés en course, pourront y être contraints; et en cas de résistance ou de combat, lesdits navires seront de bonne prise.

ART. 21.

S'il arrivait qu'un capitaine, ou commandant d'un vaisseau Français arrêtât un navire de la ville de Hambourg chargé de contrebande, ou de denrées dans les cas ci-dessus spécifiés, il ne pourra faire ouvrir, ni rompre les malles, coffres, balles, ballots, bougetes, tonneaux et autres caisses, ni les transporter, vendre, échanger, ni autrement aliéner, qu'après qu'ils auront été mis à terre en présence des officiers de l'amirauté, et après l'inventaire fait par eux desdites marchandises de contrebande.

elle serait fort bonne, si toutes les nations étaient d'accord sur ce point (1). Mais jusqu'ici les Anglais n'ont pas voulu comprendre que des chanvres, des fers, des goudrons, des mâtures ne fassent pas partie de l'armement des vaisseaux de guerre, tout autant, que les casques, les cuirasses, les bandoulières, les brides, les selles, les fourreaux de pistolets, le font de l'armement et équipement des cavaliers et des chevaux ; et ils arrêtent, en conséquence, tout ce qui est capable de leur nuire. Se soumettre à une distinction qu'ils n'admettent pas, n'importe que ce soit par le fait, ou par le droit, est, donc, un désavantage que l'on se donne vis-à-vis d'eux. Jusqu'à ce qu'un code soit généralement adopté à ce sujet, et sur-tout jusqu'à ce qu'on ait trouvé le moyen d'y assujétir toutes les puissances, de pareilles stipulations sont à-peu-près inutiles, puisque chacune de ces puissances est maîtresse de les violer, quand cela lui convient.

---

(1) Il n'est question ici que de la contrebande qui peut se faire par mer ; mais quel moyen a-t-on pris pour empêcher celle de terre? Hambourg est situé de manière à fournir, par cette voie, tous les objets énumérés, aux différentes puissances de l'Allemagne qui seraient en guerre avec la France ; et cette ville n'y manquerait pas, si elle y trouvait son profit.

ART. 22.

Ne pourra pareillement le capitaine, ou commandant d'un vaisseau Français, ou quelqu'autre personne que ce soit, dans les cas ci-dessus, vendre, acheter, échanger, ni recevoir directement, ni indirectement, sous quelque titre ou prétexte que ce soit, aucune marchandise de contrebande, ou denrées, qu'après que la prise aura été déclarée bonne.

ART. 23.

Les vaisseaux de la ville de Hambourg sur lesquels il se trouvera des marchandises appartenantes aux ennemis de S. M. ne pourront être amenés, retenus, ou confisqués non plus que le reste de leur cargaison; mais seulement les marchandises et denrées de la qualité de celles spécifiées par l'article 16 *et par l'article* 17, *appartenantes aux ennemis de la France, seront confisquées, de même que les marchandises de contrebande; S. M. dérogeant, à cet égard, à tous les usages et ordonnances à ce contraires; même à celles des années* 1536, 1584 *et* 1661, *qui porte que la robbe ennemie confisque la marchandise et le vaisseau ami; bien entendu que, si la partie du chargement qui se trouvera sujet à la confiscation était si considerable qu'elle ne pût pas être chargée sur le navire Français, il sera permis, en ce cas, au capitaine du vaisseau Français de conduire le vaisseau Hambourgeois dans le plus prochain port de France, pour être les denrées et marchandises sujetes à confiscation déchargées sans retardement; après quoi le vaisseau de Hambourg, avec le reste de sa cargaison, sera relâché et mis en pleine liberté.*

ART. 18, 19, 20, 21, 22 et 23.

Par ce dernier article, les bourgeois et habitans de la ville de Hambourg, sont infiniment mieux traités que ne l'étaient autrefois, et que ne le sont peut-être encore les Français dans leur propre pays; l'ancienne ordonnance des fermes prononçait, dans bien des cas, la confiscation des voitures, chevaux, bateaux, etc. servant au transport de la contrebande, et même de fortes amendes contre les conducteurs.

Mais à quel propos, et pour quel motif tant de faveurs accordées à la ville de Hambourg ? Et dans quelle partie du traité, en trouve-t-on la compensation, ou l'équivalent ? On serait tenté de croire que le commerce de France doit profiter infiniment de ses relations avec cette ville : il est pourtant de fait, que tout l'avantage est du côté de celle-ci ; qu'il ne tient qu'à la France de se passer entièrement d'elle, et qu'elle ne peut pas se passer de la France. Ceci ne peut pas être un problême pour ceux qui connaissent la localité.

ART. 24.

Pour connaître les véritables propriétaires des marchandises trouvées dans un vaisseau de la ville de Hambourg, il sera nécessaire que les connoissemens, ou polices de chargement contiennent la quantité et qualité des marchandises, le nom du chargeur et de celui à qui elles doivent être consignées; le lieu d'où le vaisseau sera parti et celui de sa destination, même le nom du capitaine ou maître, qui sera tenu de les signer ou faire signer par l'écrivain.

ART. 24.

C'est-là, ce qu'on peut appeller la précaution inutile. On trafique à Hambourg, en fausses déclarations et faux sermens, comme on trafique ailleurs en denrées et marchandises : ce sont les fausses déclarations et les faux sermens qui ont procuré aux Hambourgeois les bénéfices énormes qu'ils ont faits pendant la dernière guerre, en attirant chez eux les productions des quatre parties du monde. Cette habitude prise, il n'est pas du tout étonnant qu'en tems de paix, ils veuillent se servir du même moyen pour payer leurs dettes (1).

---

(1) Voyez les pièces qui font suite à ces remarques, et sur-tout les décrets du Sénat dans l'affaire dont il est question.

ART. 25.

Si quelques marchandises appartenantes aux sujets de la ville de Hambourg, se trouvent chargées sur des vaisseaux d'une nation devenue ennemie de S. M. depuis le chargement, elles ne seront point sujetes à confiscation, non plus que les marchandises appartenantes aux sujets de la ville de Hambourg qui auront été chargées sur un vaisseau ennemi depuis la déclaration de guerre, pourvu que le chargement en ait été fait dans les termes, ou délais réglés par l'article suivant.

ART. 26.

Lesdits termes ou délais, seront de quatre semaines pour les marchandises chargées dans la mer Baltique ou dans celle du Nord, depuis Terneuse en Norwege jusqu'au bout de la Manche; de six semaines depuis le bout de la Manche jusqu'au cap St.-Vincent; de dix semaines depuis le cap St.-Vincent dans la Méditerranée et jusqu'à la ligne et dans tous les autres endroits du monde. Tous ces termes ou délais, s'entendront à compter du jour de la déclaration de guerre. Si lesdites marchandises avaient été chargées après l'expiration desdits termes, elles seront confisquées.

ART. 27.

Si parmi les marchandises ainsi chargées dans lesdits délais, il s'en trouve de contrebande, elles ne seront rendues qu'après une sûreté suffisante, telle qu'elle est ex-

pliquée dans l'article suivant, qu'elles ne seront point transportées en pays ou lieu ennemi.

ART. 28.

Si dans les délais ci-dessus fixés et expliqués, le capitaine, ou commandant du navire français veut retenir ces marchandises de contrebande, il sera en droit de le faire en payant la juste valeur suivant l'estimation qui sera faite de gré à gré; et en cas de difficulté sur ladite estimation, ou que le capitaine français ne juge pas à propos de les retenir, le capitaine, ou maître de vaisseau de la ville de Hambourg sera tenu de donner sa soumission de rapporter, dans le tems dont on conviendra, un certificat de déchargement desdites marchandises en un lieu non ennemi; lequel certificat, pour être valable, sera légalisé et attesté véritable par un consul, résident, agent, ou commissaire du Roi; et en cas qu'il ne s'en trouve pas, par les juges des lieux.

ART. 29.

S'il se trouve dans un navire de la ville de Hambourg des passagers d'une nation ennemie de la France, ils ne pourront en être enlevés, à moins qu'ils ne soient gens de guerre actuellement au service des ennemis; auquel cas ils seront faits prisonniers de guerre.

Art. 25, 26, 27, 28 et 29.

Tout ce que renferment les cinq articles qui précèdent, n'est, et ne peut être avantageux qu'à la seule ville de Hambourg. C'est un enchaînement de faveurs accordées à cette ville, sans aucune espèce de réciprocité pour la France. Mais il est en outre, à remarquer que les délais ou termes prescrits par l'article XXVI, ne devant compter que du jour de la déclaration de guerre, il peut en résulter un très-grand préjudice pour la France, lors sur-tout que cette déclaration est tardive, comme elle le fut dans la guerre de 1756. Il était bien plus simple de compter ce délai du jour des premières hostilités commises, en ayant sur ce également égard aux distances.

ART. 30.

Pour que le navire soit réputé appartenir aux sujets de la ville de Hambourg, il est convenu qu'il faut qu'il soit de leur fabrique, ou de celle d'une nation neutre. Si néanmoins étant de fabrique ennemie, ou ayant appartenu aux ennemis, il a été acheté avant la déclaration de la guerre, soit par des sujets de la ville de Hambourg, soit par ceux d'une nation neutre, il ne sera point sujet à confiscation. Cet achat sera justifié par le passeport, ou lettre de mer, et par le contrat de vente pardevant les officiers, ou personnes publiques qui doivent recevoir ces sortes d'actes, soit par le propriétaire en personne, soit par son procureur en vertu de procuration générale authentique, annexée à la minute du contrat de vente, et transcrite à la fin de l'expédition par le même officier public qui l'aura délivré ; ledit contrat dûment enregistré au greffe du magistrat du lieu d'où le navire sera parti.

ART. 31.

Un navire, quoique de la fabrique de la ville de Hambourg, ou acheté par ses bourgeois et sujets avant la déclaration de guerre en la forme expliquée en l'article précédent, ne sera pas réputé lui appartenir, si le capitaine, ou patron, le contremaître, pilote et subrecargue et le commis ne sont sujets naturels de ladite ville, ou s'ils n'y ont été reçus bourgeois, ou admis à la liaison trois mois avant la déclaration de la guerre ; et pareillement si les deux tiers de l'équipage ne sont naturels de

ART. 30.

On a déjà eu occasion d'observer que n'y ayant pas de contrôle établi à Hambourg, et tous les actes y étant passés sur feuilles volantes ; rien n'était si facile que d'en arranger les dates à convenance. Les précautions stipulées dans l'article précédent, ne sont, donc, rien moins que suffisantes.

ladite ville de Hambourg, ou d'une nation neutre; ou, en cas qu'ils soient originaires d'un pays ennemi, s'ils ne sont naturalisés avant la guerre, soit par la ville de Hambourg, soit par une nation neutre.

La preuve de la patrie, ou de la naturalisation, tant des officiers, que de l'équipage sera établie par les passeports, ou lettres de mer, qui contiendront le nom et le port du navire, le nom et le lieu de la naissance et de l'habitation du propriétaire, ainsi que du maître et du commandant du navire; lesquelles lettres seront renouvelées chaque année, si le vaisseau ne fait pas un voyage qui demande un plus long tems : ladite preuve sera pareillement établie par le rôle de l'équipage bien et dûment certifié.

ART. 32.

Toutes les pièces nécessaires pour connaître la fabrique du navire, quel en est le propriétaire, la qualité des marchandises et la patrie des officiers et matelots, seront représentées par le capitaine, maître, ou patron, sans que celles qui seront représentées par la suite puissent faire aucune foi.

ART. 33.

Les navires de la ville de Hambourg qui seront trouvés dans les rades, ou rencontrés en pleine mer, par des vaisseaux de S. M., ou par ceux de ses sujets armés en guerre, abattront le pavillon et ameneront leurs voiles aussitôt qu'ils auront reconnu le pavillon de France, et qu'ils en auront été avertis par la semonce d'un coup de canon tiré sans boulet. Le vaisseau français ne pourra alors s'en approcher plus près qu'à la portée du canon ; mais le capitaine pourra seulement y envoyer sa chaloupe avec deux ou trois hommes de guerre, outre l'équipage nécessaire, auxquels le capitaine, maître, ou patron du vaisseau de la ville de Hambourg représentera les actes et papiers spécifiés dans les articles 30 et 31 ci-dessus ; et y sera ajouté entière foi et créance, pourvu que le contrat de vente soit rédigé dans la forme portée par l'article 30, et que les passeports, ou lettres de mer, et le rôle d'équipage soient rédigés suivant les formulaires qui seront insérés à la fin du présent traité.

ART. 34.

Les gens de guerre du vaisseau français qui entreront dans le navire de Hambourg, n'y feront aucune violence, ne recevront, ne prendront, et ne souffriront pas qu'il y soit pris aucune chose, sous quelque prétexte et pour quelque cause que ce soit, à peine de restitution du quadruple, et même sous les autres peines portées par les ordonnances; et lui laisseront continuer sa route, après qu'ils auront reconnu qu'il n'y a point d'effets, marchandises et denrées de contrebande, ni de la qualité spécifiée par l'article 16, ou autres appartenans à une nation actuellement ennemie de la France.

ART. 35.

Pour prévenir les insultes et violences qui pourraient être faites aux gens de guerre français qui seront entrés dans le navire de la ville de Hambourg, le capitaine sera tenu de faire passer dans la chaloupe française pareil nombre des principaux de son équipage qui y resteront jusqu'à ce que lesdits gens de guerre soient rembarqués.

ART. 36.

Les capitaines français et ceux de la ville de Hambourg armés en guerre, ou en course, donneront, avant que de partir du port de leur armement, une caution de quinze mille livres pour répondre des malversations qui pourroient être faites contrairement au présent traité.

ART. 37.

Les jugemens concernant les prises faites sur les bâtimens de la ville de Hambourg par les vaisseaux du Roi, ou par ceux des armateurs Français, seront rendus avec toute la diligence possible suivant les lois du Royaume; et si les ministres, ou autres de la part de la dite ville se plaignent des premiers jugemens, S. M. les fera revoir en son Conseil pour connaître si les dispositions du présent traité ont été observées; et ce dans trois mois au plus tard; pendant lequel tems les marchandises, ou navires pris, ne pourront être vendus, ni déchargés, que du consentement du capitaine, ou patron, si ce n'est celles qui sont sujètes au dépérissement; auquel cas le prix en sera déposé entre les mains d'un négociant solvable.

ART. 38.

Lorsque l'armateur qui aura fait la prise se plaindra

ART. 36.

On n'a rien oublié, comme on voit, pour donner sûreté entière aux Hambourgeois dans leur navigation. Pourquoi n'a-t-on pas pris les mêmes précaucautions pour la sûreté du commerce des Français ?

du premier jugement, soit pour avoir déclaré sa prise non valable, soit pour quelqu'autre cause, le capitaine, maître, ou patron du navire pris aura main levée sous bonne et suffisante caution, qui sera reçue devant les officiers de l'amirauté, tant avec l'armateur, qu'avec le receveur des droits de M. l'amiral : mais si, au contraire, la prise est déclarée bonne, et que le capitaine, maître, ou patron, demande la réformation du jugement, l'armateur ne pourra faire procéder à la vente du vaisseau et des marchandises, ni en disposer, même sous caution, si ce n'est du consentement des parties intéressées, ou pour éviter le dépérissement desdites marchandises ; auquel cas le prix de la vente en sera remis entre les mains d'un négociant solvable, pour être délivré à qui il appartiendra après l'arrêt définitif.

ART. 37 et 38.

On ne peut que donner des éloges aux deux députés de Hambourg, pour l'attention toute particulière qu'ils ont mis à assurer bonne et prompte justice à leurs compatriotes, par le moyen des stipulations comprises dans les deux articles qui précèdent. Pourquoi le négociateur Français n'a-t-il pas imité cet exemple? Ignorait-il l'organisation des tribunaux de Hambourg? Ignorait-il de quelle manière la justice y est administrée? Ignorait-il, que les membres qui composent ces tribunaux, toujours choisis parmi les avocats et les négocians de cette ville, sont le plus souvent parties intéressées dans les contestations que l'on y suscite habituellement aux Français? Ignorait-il la multiplicité des incidens que l'on y fait naître, et la fréquence des appels à la chambre impériale de Wetzlar, par le moyen desquels on fait durer un procès toute une éternité? Ignorait-il, enfin, qu'il est sans exemple qu'un Français ait obtenu la moindre justice à Hambourg, toutes les fois qu'il a eu à faire à un habitant du pays? Quelle qu'ait pu être la cause de sa négligence, c'est et ce doit être un juste sujet de surprise pour tout Français qui n'est pas indifférent aux intérêts de son pays, de voir les Hambourgeois jouissant de l'avantage de faire revoir par le conseil du souverain, les jugemens émanés des tribunaux de l'Amirauté, et confirmés par les Juges supérieurs; tandis qu'un Français à Hambourg, n'a aucun moyen de réprimer la partialité, ou l'injustice ; tandis qu'il ne peut pas même y invoquer l'exécution des clauses du traité, sans s'exposer à être molesté et amendé. (1)

ART. 39.

Le présent traité de commerce durera pendant l'espace de vingt ans, à commmencer du jour de la signature : il sera ratifié, de part et d'autre, dans deux mois ; et après l'échange des ratifications, il sera enregistré dans les parlemens du royaume, et publié dans tous les ports, hâvres et lieux où besoin sera ; ce qui s'observera réciproquement dans le Sénat de Hambourg et dans les tribunaux qui en dépendent, afin que personne n'en puisse prétendre cause d'ignorance, et aux copies du présent traité dûment collationnées, foi sera ajoutée comme aux originaux.

En foi de quoi, Nous, Ministre plénipotentiaire de S. M. et Députés du Sénat de la ville de Hambourg, en

---

(1) Voyez les pièces à la suite de ces remarques. Le procureur extrajudiciaire du citoyen Pierre Maupas, a dû payer environ 115 liv. d'amende, pour n'avoir pas voulu acquiescer à suivre le procès de son malheureux compatriote, autrement qu'en la forme expliquée en l'article 9 de ce traité. Pour se soustraire même à de nouvelles vexations de la part du Sénat, ce procureur a dû nécessairement renoncer à la poursuite de l'affaire, renoncer encore à son droit de bourgeoisie et se mettre sous la protection de son gouvernement naturel.

vertu de nos pouvoirs respectifs, avons signé le présent Traité et y avons fait apposer le cachet de nos armes. Hambourg, le premier Avril 1769.

Le Marquis DE NOAILLES.

Jean-Jacques FABER, Syndic.

Guillaume CLAMER, Sénateur.

A ce traité sont ajoutés six autres articles qu'on dit être secrets, qui cependant ne paraissent pas exiger le moindre mystère, et qu'au contraire, on aurait dû rendre publics pour l'instruction des Français qui peuvent être tentés de faire des établissemens à Hambourg.

Ces articles portent, 1°. *Que les Français qui voudront s'établir à Hambourg seront tenus* (qu'on remarque cette expression) *seront tenus en arrivant, de s'y faire recevoir Bourgeois, ou de se faire admettre à la liaison de la ville; ce qu'on appelle, comme nous avons eu occasion de l'expliquer*, le contrat étranger.

2°. *Qu'ils ne paieront rien pour avoir un compte ouvert sur les livres de la banque.*

3°. *Qu'on ne pourra exiger d'eux au-delà d'une somme déterminée pour frais de garde bourgeoise, etc.*

Qu'enfin le commerce et la navigation des Français à Hambourg jouiront de toutes les mêmes faveurs et avantages accordés, ou qu'on pourrait accorder par la suite aux nations les plus favorisées.

Ces articles donnent lieu aux observations suivantes.

Art. 39.

En premier lieu ; en stipulant que les Français qui voudront s'établir à Hambourg, seront tenus de se faire recevoir bourgeois de ladite ville, ou de se faire inscrire dans le *contrat étranger*, le gouvernement Français a certainement laissé l'option à ses sujets, de faire là-dessus ce qui leur paraîtrait le plus convenable ; et par conséquent aucun de ces derniers n'a pu démériter en se faisant recevoir bourgeois, lors, sur-tout, qu'il est évident pour quiconque connaît un peu la constitution de Hambourg, que le bourgeois jouit dans son commerce de plus d'avantages que celui qui n'est qu'admis au *contrat étranger*.

Cependant, sur la teneur de certain décret qui a, dit-on, déclaré que tous ceux qui auront pris des lettres de bourgeoisie dans les villes neutres, ne seront plus réputés Français, le citoyen Reinhart, envoyé de la République, à Hambourg, prétend qu'on ne doit considérer comme Français que ceux de cette nation qui se sont faits agréger au contrat étranger, mais pas du tout ceux qui ont pris des lettres de bourgeoisie, lors même qu'il n'ont pas cessé d'avoir leur principal domicile en France, et d'y payer leurs impositions foncières et mobiliaires. Il n'appartient qu'au Gouvernement seul, d'établir cette distinction. Le citoyen Reinhart ne saurait avoir le droit de contester à un Français, résidant à Hambourg, le titre et les avantages dont personne ne lui dispute la jouissance dans son propre pays. Hambourg ne peut être considéré comme puissance politique et encore moins comme puissance rivale ; donc, aux termes même du *Code civil*, soumis, en ce moment, à la sanction du Corps législatif, un Français qui acquiert les droits de bourgeoisie dans une ville purement commerciale, ne peut pas être réputé pour cela, étranger à la France. Entre un agent de la République, fort du crédit et du pouvoir que lui donne sa place, et un simple particulier qui n'a à faire valoir que la raison et la justice, le Gouvernement est seul compétent à prononcer. Les droits d'un citoyen ne peuvent pas dépendre de l'opinion, ou du caprice d'un individu.

En second lieu ; quoiqu'il ait été expressément convenu que les Français qui s'établiront à Hambourg, ne paieront rien pour avoir un compte ouvert dans les livres de la banque, il est de fait, que l'on a toujours exigé d'eux la rétribution que l'on a coutume de percevoir pour cet objet. Si un Français ne justifie avoir payé cinquante écus de banque pour la grande bourgeoisie, on ne lui ouvrira pas de compte en banque ; et il en est de même pour ceux qui se font simplement agréger au contrat étranger. On est en état d'en fournir la preuve ; et cette preuve serait au besoin, corroborée du témoignage de tous les Français qui ont eu, et qui ont encore des établissemens à Hambourg.

En troisième lieu ; on ne suit pas plus fidèlement dans cette ville ce qui a été pacté relativement à la garde bourgeoise. Cette imposition qui tourne au profit des capitaines, est toujours arbitraire de leur part ; et on pourrait rapporter une infinité de preuves que ces messieurs ont voulu y assujétir, et y ont effectivement assujéti, non pas seulement les Français établis à Hambourg, mais encore ceux qui n'y ont fait qu'un séjour momentané, pour raison de leurs affaires. Cette vexation a eu lieu presque tout le tems qu'a duré la révolution : personne ne pouvait, ou n'osait en réclamer.

Enfin, quoiqu'il soit stipulé que le commerce et la navigation des Français à Hambourg, jouiront de toutes les mêmes faveurs et avantages accordés, ou qu'on pourrait accorder par la suite aux nations les plus favorisées, il est notoire, et les plaintes des Français qui ont habité le pays, l'attestent à quiconque veut les entendre, que la nation n'y jouit, ni d'aucune faveur, ni d'aucune protection. L'affaire dont on trouvera le détail à la suite de ces remarques en est, du reste, la preuve la plus évidente. Si cette affaire regardait un Russe, ou un Anglais, ou un Prussien, depuis long-tems elle serait terminée à son avantage : le Sénat de Hambourg se garde bien de chicaner avec ces messieurs ; dans aucune sorte d'affaire ; et moins encore quand il s'agit de l'exécution d'un traité.

On ne croit pas devoir pousser plus loin ces

observations. Elles suffiront sans doute à démontrer qu'il n'y a ni égalité, ni réciprocité. ni justice, dans le traité dont il s'agit; que tout l'avantage est du côté de la ville de Hambourg; que les droits des Français y sont entièrement lézés, et qu'enfin, tout homme impartial, en lisant ce pacte étonnant, serait tenté de croire que le Sénat de Hambourg est, dans la balance politique et commerciale de l'Europe, est une puissance prépondérante, tandis qu'au contraire, la France n'est qu'un état purement secondaire, et tel qu'il a beaucoup plus besoin de protection des Hambourgeois, que ceux-ci n'attendent d'utilité de la sienne. C'est donc au Gouvernement à aviser dans sa sagesse aux moyens de détruire, où de corriger les vices que l'on a fait remarquer. Son intention bien prononcée, est de protéger, de favoriser le commerce. Mais comment concilier cette intention bienfaisante avec un traité aussi défectueux? Comment, sur-tout, la concilier avec la mission du citoyen Reinhart à Hambourg? Son origine, (1) son mariage avec une femme de cette ville, sa parenté, son alliance avec plusieurs familles sénatoriales et autres, ses liaisons et ses relations avec tout ce qui tient à ces familles, en font un ennemi, au lieu d'un protecteur, pour tout Français qui a des réclamations formées, ou à former à charge des Hambourgeois. Ce n'est rien

(1) Il est Allemand.

dire de trop. On en va voir la preuve dans les pièces et documens qui suivent.

FAITS ET ACTES.

Servant à prouver tout ce qui a été dit sur l'article IX du Traité de commerce et de navigation entre la France et la ville de Hambourg.

Citoyen Maupas, ancien négociant de Paris, est le porteur des titres dont la teneur suit :

PREMIÈRE LETTRE,

Paris, le 13 floréal an 4.

Monsieur Maupas,

« J'ai bien reçu les quatre cent cinquante mille livres *mandats* que M. Maupas m'a envoyés. Je l'invite à compléter le solde de ce qu'il m'en a vendu. Je le salue sincèrement. »

Entièrement ecrit et signé,

SIEVEKING.

DEUXIÈME LETTRE.

Paris, le 13 floréal an 4.

Monsieur Maupas,

« J'envoie à M. Maupas, par son jeune homme, la reconnaissance des quatre-vingt mille marcks, conforme à ces desirs. Je salue de cœur.

Entièrement écrit et signé ,

SIEVEKING.

RECONNAISSANCE.

« Je soussigné , G. H. Sieveking , négociant à Hambourg , actuellement à Paris , reconnais que le citoyen Pierre Maupas, négociant à Paris, m'a remis la somme de quatre-vingt mille marcks de banque ; laquelle somme je m'oblige de tenir à sa disposition en m'en prévenant trois mois d'avance. Je m'oblige en outre , de lui en payer l'intérêt à raison de quatre pour cent l'an pendant tout le tems que la susdite somme de quatre-vingt mille marcks me restera entre les mains. Paris le 13 floréal , an 4 de la république Française , ou le 2 Mai 1796 vieux style. »

Signé, SIEVEKING.

TROISIÈME LETTRE.

Paris 16 floréal an 4.

» Je suis bien sensible aux témoignages d'amitié de M. Maupas. Je ne peux pas accepter sa soupe pour demain : j'espère trouver l'occasion de m'en dédommager. Il peut être persuadé de ma discrétion sur les fonds qu'il a mis entre mes mains, je l'invite à cultiver les dispositions du jeune homme qui m'a déterminé à les accepter. »

Entièrement écrit et signé.

SIEVEKING.

Sieveking étant mort et Pierre Maupas ayant reclamé de sa veuve le paiement de sa créance en vertu des titres que l'on vient de lire, cette dernière prétendit n'en avoir aucune connaissance.

Là-dessus, Maupas s'adresse au sieur Martin-Jean Jénisch, aujourd'hui Sénateur de Hambourg. Celui-ci remet les titres à son procureur Martin-Jerôme Fischbach qui fait assigner devant le Préteur, la veuve et héritiers Sieveking, en paiement de ladite créance.

Près d'un an s'écoule en allégations de la part de cette veuve sur son ignorance, sur celle des associés de son mari, sur le silence de ses livres de commerce touchant cette créance ; elle offre son serment et celui de ces mêmes associés, à l'appui de ces assertions; elle prétend que les titres son faux et falsifiés : ce sont là ses expressions.

Enfin le 14 janvier 1802, le Préteur rend sentence qui ordonne que Maupas sera tenu de prouver l'authenticité et la vérité des écritures et signatures par lui représentées.

Appel de cette sentence de la part du procureur de Maupas : le veuve Sieveking en relève également appel de son côté.

Instruit de ce premier jugement, Maupas part de Paris et se rend à Hambourg; et sa première démarche en arrivant dans cette ville est de se désister de l'appel que son procureur avait fait sans le consulter ; offrant en même tems d'exécuter la sentence du Préteur. La veuve Sieveking persiste, au contraire, à soutenir son appel.

C'est dans ces circonstances que le Sénat rend le décret du 5 juin de cette même année, par lequel, sous prétexte des doutes et des incertitudes qui s'élèvent, dit-il, sur la créance réclamée et sur la vérité de la reconnoissance produite, il admet la veuve Sieveking, ses associés, son teneur de livres, à jurer qu'ils n'ont aucune connoissance de cette créance ; qu'il ne s'en trouve aucun vestige dans les livres et papiers du défunt et qu'elle croit la reconnoissance fausse et falsifiée ; sauf à statuer ensuite ce qu'il appartiendra.

Un pareil décret étoit évidemment l'ouvrage, ou de la plus aveugle partialité, ou de l'ignorance la plus inexcusable (1). Aussi Maupas s'empressa-t-il d'y for-

---

(1) Comment le Sénat pouvait-il avoir des doutes et des incertitudes sur la créance reclamée, lorsqu'il n'a encore, ni vérifié, ni fait vérifier les titres qui l'établissent? Qu'est-ce qui pouvait lui inspirer ces doutes et ces incertitudes? ce ne pouvait être que les allégations de la Ve.Sieveking : et quelles étaient,quelles sont ces allégations? Le silence des livres de feu son mari; l'ignorance des associés de celui-ci au sujet de la créance demandée ; son ignorance à elle-même de cette créance; l'ignorance enfin de son commis teneur de livres. Voilà les graves motifs des doutes et des incertitudes du Sénat de Hambourg. Et quel est le moyen qu'il prend pour les éclaircir? Il ordonne le serment de la partie intéressée, et celui de tous ses affidés : ce sont ces sermens qui vont le fixer sur la vérité, ou la fausseté d'une créance établie par titres. A-t'on jamais imaginé une pareille absurdité? Que valent en effet, et que peuvent valoir tous les sermens du monde, ne fussent-ils pas suspects comme le sont ceux de la veuve Sieveking et des gens à

mer opposition, et peu de jours après, éclairé sur les motifs qui l'avoient fait rendre, il présenta au Sénat

---

ses gages, contre des preuves écrites ? Qu'importe qu'un débiteur ne couche pas, ou ne fasse pas coucher sur ses livres de commerce la somme qu'il a reçue de son créancier ? Qu'importe qu'il ait fait mystère de cette créance à sa femme, à ses associés, à ses commis, dès que les titres qui l'établissent sont représentés ? Ce mystère, ce silence ôtent-ils, peuvent-ils ôter quelque valeur à des titres ? Ce mystère, ce silence peuvent-ils servir à éclairer la concience du juge qui doit prononcer sur leur validité ? Ces objections et une foule d'autres se sont, sans contredit, présentées au Sénat ; mais l'intérêt de la veuve Sieveking exigeait qu'on accumulât les incidens pour traîner, ou pour mieux dire, pour éterniser la demande de Maupas. Voilà le véritable motif du décret du 5 juin 1801. Mais il y a quelque chose de plus à remarquer dans ce décret : c'est l'affectation du Sénat à ne pas parler des lettres qui sont jointes à la reconnaissance, toutes écrites et signées de la main de feu Sieveking. Ces lettres, pourtant, suffisent au jugement de tout homme éclairé, pour faire prononcer la condamnation de la veuve et héritiers Sieveking, fussent-elles même séparées de la reconnaissance ; car dès qu'il est prouvé par ces lettres que Sieveking a reçu quatre-vintg-mille marcks de banque de Maupas, et qu'il lui a promis le plus grand secret sur la garde de ce fonds ; la remise en étant par là constatée, la veuve et héritiers Sieveking ne pourraient par cela seul qu'être condamnés au paiement d'après les principes et les règles de la justice, à moins qu'ils ne prouvent leur libération.

Ces lettres furent d'abord accusées de fausseté, ainsi que la reconnaissance, mais la veuve Sieveking a trouvé ensuite plus expédient de les mettre de côté ; et la réfutation complète de tous les sophismes de la veuve Sieveking, l'absurdité et l'inutilité de son serment et de celui de ses associés; et pour éviter de nouveaux incidens, il finit par demander l'établissement de la commission pactée et convenue par l'article neuvième du traité subsistant entre la France et la ville de Hambourg.

Quoique cette demande fût indépendante du fond de l'affaire, et que le Sénat pût y faire droit sans autre renvoi, il trouva plus expédient d'ordonner la communication à la veuve Sieveking du mémoire et de la requête de Maupas. Celui-ci eut ensuite beau multiplier les contraintes contre cette veuve, il ne put en obtenir aucune réponse, encore moins un jugement de la part du Sénat.

Sans espoir de succès de ce côté, et ne se trouvant alors à Hambourg aucun ministre, ou agent de la nation, qui pût s'intéresser à sa cause, Pierre Maupas prit le parti de s'adresser directement au Ministre des relations extérieures. Celui-ci lui fit espérer qu'incessamment il seroit nommé un Ministre plénipotentiaire près le cercle de Basse-Saxe, et qu'il lui donnerait alors les ordres convenables. Le citoyen Reinhart fut effectivement nommé quelque tems après, et

---

le Sénat, docile aux insinuations adroites de cette veuve, s'est bien gardé d'en parler dans son décret. A-t-il cru que ces lettres ne puissent pas éclairer sa consience autant que des sermens intéressés? Cette explication serait curieuse à savoir.

la promesse renouvelée. Maupas s'empressa de la transmettre à son procureur fondé à Hambourg.

Celui-ci se présente chez le citoyen Reinhart, dans les premiers jours de son arrivée à Hambourg ; mais à peine a-t-il entamé le sujet de sa visite, que ce ministre l'interrompt en lui disant : *vous sentez bien, Monsieur, que je ne puis pas être favorable à Maupas.*

C'était assez inutile à dire. Le procureur fondé de Maupas en était plus que persuadé, puisqu'il connaissait l'étroite parenté du ministre avec la veuve Sieveking. Aussi se borna-t-il à répondre qu'il n'était pas venu pour l'intéresser au fond du procès ; mais pour le prier de faire tenir l'engagement que le Sénat a contracté par l'article 9 du traité de 1769. Le citoyen Reinhart promit alors, en termes vagues et généraux, ses bons offices pour faire administrer justice : le procureur fondé se retira.

Il n'avait pas été difficile à ce dernier de pénétrer la tournure que le représentant national allait donner à ses démarches : aussi s'empressa-t-il de lui écrire, dès le surlendemain de sa visite, la lettre suivante :

Hambourg, ce 10 juillet 1802.

« Citoyen Ministre,

» Le Gouvernement français vous ayant chargé d'interposer vos bons offices auprès du Sénat de cette ville, à l'effet de faire administrer bonne et prompte justice au citoyen Maupas dans la réclamation qu'il poursuit contre la veuve et héritiers Sieveking, il est de mon devoir de vous représenter :

„ 1°. Que par l'article neuvième du traité subsistant entre la France et la république de Hambourg, le Sénat de cette ville s'est formellement engagé à établir une commission particulière pour la plus prompte instruction et décision des affaires de commerce concernant les Français.

„ Et 2°. Que quoique, depuis plus de dix mois, j'aie demandé par requête l'établissement de cette commission, en m'appuyant de l'article que je viens de citer, le Sénat n'a point encore jugé à propos d'obtempérer à cette demande, qui ne paraît pas, cependant, être susceptible de la moindre difficulté.

„ Je vous prie donc, citoyen ministre, d'employer, conformément aux instructions qu'on m'a assuré que vous avez reçues, et le crédit et le pouvoir que vous donne votre caractère, à faire remplir un engagement, qui n'est pas moins profitable aux habitans de Hambourg, qu'aux Français mêmes; car si l'administration de la justice est un bienfait pour les peuples, ce ne peut être qu'autant qu'elle est expéditive, et qu'elle ne les expose pas, par des formes aussi lentes que compliquées, à se ruiner en frais.

„ Comme ma demande, citoyen ministre, n'est pas d'un moindre avantage pour la veuve et héritiers Sieveking, que pour mon client, à moins qu'on n'eût formé le projet de réduire ce dernier par impuissance, ou par famine, j'ose espérer que vous vous emploierez efficacement à la faire accueillir. J'espère aussi que vous voudrez bien me tenir avisé du résultat de vos démarches, ainsi que vous m'en avez donné l'assurance dans la visite que j'eus l'honneur de vous faire avant-hier.

Agréez, citoyen ministre, mon sincère hommage.

Signé. Antoine DURAN.

Procureur extrajudiciaire du citoyen Maupas.

Le 20 juillet, ce procureur reçut, de la part du citoyen Reinhart, le billet dont la teneur suit :

Hambourg, ce premier thermidor, l'an 10 de la république.

„ Le ministre plénipotentiaire de la République française, près le cercle de Basse-Saxe, invite M. Duran à se rendre à son secrétariat entre une heure et deux. *Damms-thor Strasse.*

Exact à se rendre à cette invitation, le procureur fondé de Maupas fut reçu par le secrétaire particulier du citoyen Reinhart, qui lui fit lecture d'une réponse que ce ministre avait reçue du Sénat.

Il était évident, d'après cette réponse, que le citoyen Reinhart n'avait pas même abordé la question, qu'il s'était borné à passer un simple office pour demander le jugement de l'affaire de Maupas ; puisque le Sénat, après avoir observé que le nouveau défenseur de cette partie n'avait pas suivi les formes d'usage, et que c'était ce défenseur qui en avait retardé par-là le jugement, finissait par donner toutes les plus belles assurances de son attention extraordinaire dans l'administration de la justice, et sur-tout, ajoutait-il, lorsqu'il s'agissait de la cause d'un Français.

Cette explication du Sénat donna lieu à la seconde lettre qu'on va lire.

Hambourg, le 10 juillet 1802.

« Citoyen ministre,

» Sur l'invitation que vous eûtes la bonté de me faire parvenir le premier thermidor, je me rendis le même jour, à l'heure prescrite, à votre secrétariat; et là il me fut donné connaissance de la réponse que le Sénat de cette ville vous a faite au sujet de l'affaire du citoyen Maupas.

» Quoique cette réponse ne vienne en aucune manière au sujet que j'ai eu l'honneur de vous exposer dans ma précédente, je dois convenir, citoyen ministre, que le Sénat vous a accusé vrai en vous disant que depuis que je me suis chargé de la défense de Maupas, son affaire n'a pas été traitée dans les formes usitées. Mais bien loin que ce soit par ignorance de ma part, comme le Sénat paraît le croire, c'est précisément tout le contraire.

» C'est parce que je connais parfaitement ces formes; c'est parce que je sais qu'avec ces formes on traîne ici un procès en longueur pendant dix et même pendant vingt ans; c'est, en un mot, parce que je suis instruit que, par le moyen de ces formes, un Français est ruiné avant qu'il ait pu parvenir à se faire entendre, que j'ai cru devoir les rejeter, et que je continuerai à les mettre à l'écart.

» Suis-je autorisé à en agir de la sorte? Suis-je

autorisé à prétendre que le Sénat s'écarte de la route qu'il a coutume de suivre ? C'est ce dont vous pouvez juger vous-même, citoyen ministre : Voici, mot à mot, ce que porte l'article neuvième du traité subsistant entre la France et la ville de Hambourg. »

S. M. ayant proposé d'établir un tribunal particulier pour juger promptement toutes les affaires contentieuses de ses sujets dans la ville de Hambourg ; et le Sénat de ladite ville ayant représenté que cet établissement exigerait beaucoup de tems, S. M. a bien voulu accepter provisionnellement l'offre qui lui a été faite d'établir une commission particulière pour la plus prompte instruction et décision des affaires de commerce, *soit en accommodant les parties, soit en référant au Sénat ; ne suspendant*, qu'à cette condition, *les arrangemens à prendre, de part et d'autre, pour l'établissement du susdit tribunal particulier ; et, en attendant, le Sénat de Hambourg pourvoira*, aussi, PAR UN RÉGLEMENT, *à ce que les procès des sujets du Roi, autres que ceux qui sont relatifs au commerce, soient jugés le plutôt qu'il sera possible, et au plus tard dans l'espace d'un an, à compter du jour de la première assignation, si la nature de l'instruction ne s'y oppose pas évidemment.*

N'est-il pas évident, d'après cet article, que les vices et les abus connus des formes usitées ont donné lieu aux mesures qui y sont proposées ?

N'est-il pas évident que c'est pour remédier à ces vices et à ces abus que le Sénat a offert d'établir une commission *particulière* POUR LA PLUS PROMPTE INSTRUCTION ET DÉCISION *des affaires de commerce des Français ?*

N'est-il pas évident, enfin, que c'est pour la même fin qu'il a promis de pourvoir par un règlement (qu'il n'a pourtant pas fait encore) à ce que tous autres procès soient terminés dans l'espace d'un an au plus tard?

Et si un Français pouvait être astreint à suivre les formes usitées, quelle espèce de valeur aurait donc cet article? quelle en serait, je vous prie, la signification, ou le sens? Comment atteindrait-on le but de cette prompte instruction et décision des affaires dont les Parties contractantes sont convenues, lorsqu'avec ces prétendues formes tout plaideur est maître de les éterniser à son gré (1)?

„ J'insiste donc, et j'insisterai toujours, citoyen ministre, sur l'établissement de la commission particulière, et j'espère que vous voudrez bien appuyer cette demande de tout votre pouvoir. Si le Sénat y eût déféré la première fois que je l'ai faite (et c'est du moment même que j'ai embrassé la défense de Maupas), il ne me trouverait pas en retard dans mes réponses. Je ne dois, et je ne veux en donner que je ne sois d'abord satisfait sur ce point. „

---

(1) Pour l'intelligence des personnes qui ne connaissent pas les formes judiciaires de Hambourg, il suffit de dire que ces formes sont les mêmes que celles établies par le droit romain : les mêmes que l'on suivait autrefois en France et qui ont été abrogées par plusieurs des anciennes ordonnances, mais sur-tout par celle de 1667.

“J'ai dû m'adresser au Gouvernement, quand j'ai vu qu'on éludait l'exécution de l'article dont je vous ai donné ci-dessus la copie. Je redoublerai d'instances, s'il le faut, pour que la lettre et l'esprit en soient suivis ponctuellement. Je ne saurais douter, citoyen ministre, que vous ne secondiez vivement mes efforts; c'est le devoir de votre place. Je joins ici pour votre gouverne une copie de la requête que je viens de présenter au Sénat.

„Agréez, citoyen ministre, mes sincères salutations.

Signé, A. DURAN.

Suit cette requête,

“Au vénérable Sénat de Hambourg,

„ Magnifiques Seigneurs.

„ Supplie humblement Antoine Duran, procureur extrajudiciaire du citoyen Pierre Maupas, négociant français, disant qu'il est de la dernière évidence que, par l'article neuvième du traité subsistant entre la France et cette Ville, le Sénat a contracté l'engagement d'établir une commission particulière pour la plus prompte instruction et décision des affaires de commerce concernant les Français. „

„ Qu'il n'est pas moins évident que l'établissement de cette commission particulière doit avoir pour objet de simplifier la marche des procédures relatives à cette sorte d'affaires, puisqu'il est ajouté dans le même article, que, pour les procès non relatifs au commerce, le Sénat pourvoira, PAR UN RÉGLEMENT, à ce qu'*ils* soient terminés le plutôt possible, et au plus tard dans l'espace d'un an. ,,

,, Qu'en conséquence de ces dispositions, le suppliant a demandé, depuis près d'une année, qu'il soit procédé à l'établissement de cette commission particulière ; mais, qu'au lieu de faire droit à cette demande, le Sénat a cru devoir en donner communication à la partie adverse, laquelle, après avoir épuisé tous les délais possibles avant que d'y répondre, a fini par se jeter, suivant sa coutume, dans des digressions aussi étrangères au fond du procès, que propres à en éterniser la discussion, et auxquelles le suppliant n'oppose qu'une contradiction générale. ,,

,, Or, comme il est de l'intérêt du suppliant de couper racine à de pareilles chicanes ; et attendu, sur-tout, que pour éclairer parfaitement le Sénat sur la question qui est soumise à son jugement, il est moins besoin d'écritures, que de le fixer sur les titres qu'a déjà produits le suppliant et sur ceux qu'il se propose de produire encore ; ,,

,, A ces causes, il vous plaira, Magnifiques Seigneurs, nommer la commission particulière déjà demandée par le suppliant, pour qu'il soit procédé à l'instruction de son procès en la forme qui a été convenue par l'article neuvième du traité subsistant entre la France et cette Ville ; et, cela fait, enjoindre aux parties de se présenter devant cette commission pour y exposer leurs dires et raisons, ainsi que telles preuves qu'elles peuvent avoir encore à fournir, pour, sur le rapport qui vous en sera fait, être ensuite par-

vous définitivement statué ce qu'il appartiendra, et ferez justice. »

» A. DURAN.

Sur cette requête fut rendu, le 28 du mois de juillet, le décret suivant.

« Sur la requête présentée de la part d'Antoine Duran, procureur du citoyen français Pierre Maupas, contre G. H. Sievcking et héritiers ; après en avoir fait faire lecture, le vénérable Sénat a décrété. »

» Qu'après l'introduction faite dès long-tems de l'instance par toute autre voie plus propre à la prompte conclusion d'une affaire, la commission demandée, qui, du reste, ne peut pas convenir à la prétention de dette dont il est question, ne peut pas avoir lieu. »

» Que le suppliant doit plutôt, pour avancer cette affaire, qu'il traîne lui-même en longueur. quoique claire ; et pour observer enfin l'ordre établi dans les procès, produire et joindre à la chose principale tout ce qu'il se propose de communiquer, tel qu'il le dit dans sa requête, dans l'espace de quatorze jours, *sub præjudicia ad acta*, »

» Que si cependant les parties sont inclinées à vider cette affaire à l'amiable, on établirait pour cet effet, et sans nuire au décret, une commission composée de M. le sénateur Amsink et de M. le sénateur Gabe, auxquels les parties seront alors obligées de porter leurs dires et raisons dans l'espace de quatorze jours. »

„ Au reste, cette requête est à communiquer.

La mauvaise foi du Sénat éclate dans toutes les parties de ce décret, et rien n'est plus facile à prouver.

Pourquoi d'abord avoir laissé écouler plus d'une année, depuis la première demande de la commission particulière, sans produire les objections qu'il a ensuite imaginées dans le décret que l'on vient de lire?

Comment croire, en second lieu, que la voie par laquelle l'instance a été introduite soit plus propre à la prompte conclusion de l'affaire, lorsque le Sénat a reconnu, dans l'article neuvième du traité, les vices, et les abus de formes qui ont été suivies par le premier procureur de Maupas; lorsqu'il a offert, pour remédier à ces vices et à ces abus, d'établir une commission particulière pour la plus prompte instruction et décision des affaires de commerce des Français, et un règlement pour tous leurs autres procès?

Dans quelle loi enfin le Sénat a-t-il trouvé qu'une Partie ne puisse pas rectifier sa défense en tout état de cause, et sur-tout s'opposer à des formes d'instruction qui ont été proscrites par un traité solemnel, sur la foi duquel reposent toutes les transactions commerciales des Français?

Mais où la mauvaise foi du Sénat de Hambourg est le plus en évidence, c'est dans le nouveau caractère qu'il veut donner à l'affaire de Maupas. *La commission demandée ne peut pas convenir*, dit-il, *à la prétention de dette dont il est question*. Donc, selon lui, ce n'est pas une affaire de commerce.

Mais, qu'est-ce donc, qu'une négociation de

mandats faite par un négociant à un autre négociant, pour le montant de laquelle ce dernier a fourni une reconnaissance de quatre-vingt mille marcks de banque? Si ce n'est pas là une affaire de commerce, le Sénat aurait dû dire au moins dans son décret dans quelle cathégorie on doit la ranger. Si ce n'est pas là une affaire de commerce; si ce n'est pas une affaire qui doive être instruite et jugée par la commission particulière qu'il s'est obligé d'établir, au moins devrait-elle être instruite et jugée d'après le réglement qui fixe la durée de cette instruction à une année; et où est-il ce règlement? Trente-trois ans se sont écoulés depuis la signature du traité; et la commission et le règlement n'ont pas encore été employés dans aucune des causes des Français, et ceux-ci n'ont jamais pu parvenir à obtenir la moindre justice. On pourrait défier le Sénat de Hambourg de citer un seul exemple d'un Français qui, à son tribunal, ait gagné un procès contre un Hambourgeois.

Veut-on voir, du reste, le mensonge percer à travers les phrases équivoques et captieuses du Sénat, on n'a qu'à se fixer sur le mode d'instruction que doit employer la commission particulière pactée et convenue par l'article neuvième du traité; cette commission doit concilier les Parties, si elle le peut, et du contraire référer au Sénat, qui, dès-lors, n'a rien autre chose à faire qu'à juger.

Or, on le demande à tout homme de bonne foi, y a-t-il, peut-il y avoir de voie plus propre que celle-là, à la prompte conclusion d'une affaire? Et que doit-on penser du Sénat de Hambourg, lorsqu'il affirme dans son décret, que le genre d'instruction suivi dès le commencement est plus propre à en accélérer le jugement? lors, sur-tout, qu'il conste des actes de la procédure qu'il s'est écoulé environ dix mois avant de pouvoir obtenir du Préteur une sentence de vérification des titres; et que lui-même (le Sénat) a entravé cette vérification en ordonnant des sermens, qui, tels qu'on veuille les supposer, ne sont, pour la décision de l'affaire, qu'une vraie inutilité.

On aura sans doute remarqué que, dans la requête qui précède, il n'est pas dit un seul mot d'accommodement, ou de conciliation, et que cependant le Sénat parle dans son décret d'une commission qui pourrait s'en occuper, si les parties y étaient inclinées. C'est-là une de ces tournures insidieuses, pour donner à entendre que la commission pactée par l'article neuviéme du traité ne peut être qu'une commission conciliatoire. Heureusement que cet article est conçu de manière à ne permettre ni doute ni équivoque. Les commissaires doivent à la vérité chercher à accommoder les parties; mais s'ils ne peuvent y réussir, ils doivent faire leur rapport au Sénat, et le Sénat doit juger; c'est donc une instruction sommaire qu'on a voulu établir à la place d'un tas d'écritures qui ne peuvent servir qu'à envelopper de ténèbres le droit des parties et à traîner en longueur le jugement des procès; il n'est pas possible de se méprendre sur un sens aussi déterminé.

Le décret qu'on vient de rapporter était déjà connu

du procureur fondé de Maupas, lorsqu'il reçut une nouvelle invitation de la part de l'envoyé Reinhart, conçue en ces termes :

« Hambourg, le 11 thermidor an 10.

» Le citoyen Duran, procureur extrajudiciaire du citoyen Pierre Maupas, est invité à vouloir bien se rendre demain matin, samedi 12 thermidor, entre dix et onze heures, au secrétariat de la légation française. »

Exact à s'y trouver, ce procureur fondé reçoit lecture de la part du secrétaire de légation (le citoyen Teulon) d'une seconde lettre du Sénat dont le contenu se trouvait conforme au décret que ce dernier avait déjà rendu. Ce même secrétaire ayant ensuite entrepris la discussion de l'article neuvième du traité, se voit forcé de convenir que la demande de la commission particulière, telle qu'elle est entendue par le procureur de Maupas, est de toute justice.

Ce procureur écrit alors la lettre suivante au citoyen Reinhart.

» Hambourg, le 6 août 1802,

» Citoyen Ministre,

» La nouvelle réponse que vous avez obtenue du Sénat de cette ville, sur l'affaire du citoyen Maupas, est conforme en tout point au décret qu'il a rendu dans la même affaire, le 28 du mois passé. Telle est du moins l'idée que j'en ai pu prendre par la communication qui m'a été faite à votre secrétariat »

» Mais ce décret est une infraction manifeste au traité subsistant entre la France et cette Ville, et je fais plus que vous dénoncer cette infraction, citoyen ministre, je vous en fournis la démonstration et la preuve dans la nouvelle requête que je crois devoir encore présenter. »

» Si, nonobstant cette insistance de ma part, le Sénat persiste à refuser ma demande, s'il persiste à ne vouloir pas remplir l'engagement qu'il a contracté par l'article neuvième de ce traité, dans ce cas je devrai nécessairement m'abstenir de toute autre poursuite, jusqu'à ce que le Gouvernement se soit fait faire raison d'un procédé dont les conséquences sont d'un préjudice incalculable au commerce des Français. »

» Je vous remets ci-jointe, citoyen ministre, la copie du décret du Sénat et de ma nouvelle requête. Je dois vous engager à donner à celle-ci l'attention que le cas me paraît mériter. »

» J'ai l'honneur de vous saluer,

» A. DURAN.

Suit la requête.

» Au vénérable Sénat de Hambourg,

» Magnifiques Seigneurs,

» Supplie humblement Antoine Duran, procureur extrajudiciaire du citoyen Pierre Maupas, citoyen Français, disant, »

1°. Qu'il résulte évidemment de l'article neuvième du traité subsistant entre la France et cette Ville, que le Sénat s'est engagé à établir une commission particulière pour la plus prompte instruction et décision des affaires de commerce concernant les Français. ,,

,, 2°. Qu'il résulte tout aussi clairement du même article que l'objet et le but de cet établissement ont été de simplifier l'instruction et de hâter la marche des procès que les citoyens français peuvent être dans le cas d'intenter aux habitans de cette ville, puisque cet article porte en termes exprès que le gouvernement français avait d'abord proposé d'établir à cette fin un tribunal particulier; que ce n'est que PROVISIONELLEMENT qu'il a bien voulu accepter une commission particulière pour la plus prompte instruction des affaires de commerce; et que, pour toute autre espèce d'affaires le Sénat s'oblige à pourvoir, PAR UN RÉGLEMENT, à ce qu'elles soient jugées le plutôt possible, et au plus tard dans l'espace d'un an. ,,

,, 3°. Qu'en prenant l'ensemble du susdit article, il est de la dernière évidence que l'intention des parties contractantes a été que toute discussion mercantile fût instruite et jugée d'une manière sommaire, ainsi que cela s'est toujours pratiqué en France dans les tribunaux de commerce, ainsi que cela se pratique et doit se pratiquer en toutes procédures faites par commissaires. ,,

,, 4°. Que l'article dont s'agit ne pourrait recevoir aucune application, si les Français étaient assujétis à suivre dans leurs procès les formes qu'on est dans l'usage d'employer à Hambourg pour toute espèce de procédure, et qu'un pareil assujétissement rendrait même cet article tout à fait illusoire et de nul effet. „

„ 5°. Que cet assujétissement serait de plus, une violation manifeste du traité, puisqu'il est de notoriété publique que c'est la lenteur et la complication de ces formes; que ce sont les plaintes qu'elles excitoient dans toute la France, qui firent proposer l'établissement d'un tribunal particulier (1). „

---

(1) Quelqu'un s'est avisé de dire (et c'est sans doute une insinuation de l'envoyé Reinhart) que ce tribunal particulier n'avait été demandé que pour juger promptement les contestations que les Français établis à Hambourg pouvaient avoir entr'eux.

Mais cette explication est d'abord démentie par les propres expressions dont on s'est servi dans cet article. *Pour juger promptement*, y est-il dit, *les affaires contentieuses de ses sujets dans la ville de Hambourg*, et non pas les affaires contentieuses qu'ont entr'eux les sujets Français établis dans la ville de Hambourg. C'est de la généralité des sujets dont il est question, quelque part qu'ils soient établis, et non d'un certain nombre de sujets résidans dans cette ville. L'envoyé Reinhart ignore-t-il cet axiome de droit *verba contractus tantum valent, quantum sonant.*

Ce qui rend d'ailleurs cette explication tout au moins ridicule, c'est 1°. Qu'à l'époque du traité de commerce, il n'y avait pas une seule maison Française établie à Hambourg.

C'est, en second lieu, que le Gouvernement Fran-

„ Puisqu'il n'est pas moins avéré que ce fut pour remédier à cet inconvénient que le Sénat offrit et que le Gouvernement français voulut bien accepter PROVISIONELLEMENT une commission particulière pour la plus prompte instruction et décision des affaires de commerce ; „

„ Puisqu'enfin c'est dans le même esprit et pour la même fin, que le Sénat s'engagea à pourvoir, PAR UN RÉGLEMENT, à ce que tous les autres procès des Français fussent jugés le plutôt possible, et au plus tard dans l'espace d'un an. „

6°. Que puisque la commission particulière dont il est question fut offerte et provisoirement acceptée pour tenir lieu du tribunal particulier qui avoit été demandé, il s'ensuit que cette commission auroit dû être établie immédiatement après la ratification du traité ; „

„ Qu'il s'ensuit encore que cette commission doit être une commission stable et permanente, à la-

---

çais n'avait aucun besoin du Sénat pour vider les contestations qui pouvaient naître parmi ses sujets. Il était le maître, en effet, de pratiquer à Hambourg ce qui s'est pratiqué de tout tems dans les échelles du Levant et dans tous les ports d'Espagne et d'Italie. Là des députés choisis parmi les négocians Français, ayant à leur tête ou présidés par les commissaires des relations commerciales, ou par leurs chanceliers, jugent les différens de Français à Français, sans que les tribunaux du pays aient ni la volonté ni le droit de s'immiscer dans leurs affaires.

quelle les Français puissent s'adresser en tout tems et pour tous différens relatifs à leur commerce, et non une commission qu'ils doivent demander chaque fois qu'ils ont à former une plainte juridique, ou une action de même nature à intenter (1). »

» 7°. Que ce même article ne posant que cette seule distinction D'AFFAIRES DE COMMERCE et D'AFFAIRES NON RELATIVES AU COMMERCE, il est évident que toute contestation roulant sur un point de commerce quelconque, doit être instruite par la commission particulière, et que cette instruction ne peut être du ressort d'aucun autre tribunal : que par conséquent il ne peut, à cet égard, y avoir lieu à aucune interprétation arbitraire. »

---

(1) Il paraît que le premier soin du plénipotentiaire Français, aurait dû se porter à faire nommer cette commission et travailler au règlement convenu, immédiatement après la signature du traité. Cependant trente-trois ans se sont écoulés, et la commission et le règlement n'existent point encore. Ses successeurs n'y ont pas fait plus d'attention, et dans ce long intervalle une foule de négocians Français ont été victimes de cette négligence. Il a fallu que le procureur fondé de Maupas réclamât l'établissement de cette commission; et qu'en est-il résulté jusqu'ici ? Des refus de la part du Sénat : nulle intervention de la part de l'envoyé de la République : Celui-ci ne s'est occupé qu'à décrier auprès du ministère la cause qui y a donné lieu, parce que cette cause est la cause de sa belle-sœur et de ses neveux, et par conséquent la sienne propre.

„ 8°. Que dans le procès du suppliant étant question d'un prêt d'argent fait par un négociant à un autre négociant par suite d'autres affaires; et ce prêt dérivant en outre d'une opération purement mercantile, il ne peut s'élever le moindre doute que ce procès ne doive être instruit par la commission particulière, et en la forme qui a été pactée et convenue par l'article neuvième du traité. „

„ 9°. Que si le premier procureur du suppliant a employé d'autres voies et moyens pour l'instruction de son affaire, ce ne peut être que parce que la commission particulière n'étant pas établie, comme elle aurait dû l'être, ou ce procureur n'a pas voulu la demander, par la crainte de diminuer par-là son salaire, ou bien il n'a pas eu connoissance du droit de la faire nommer que donne au suppliant l'article neuvième du traité.

„ Que d'ailleurs ce procureur ayant été révoqué, tant par ce motif, que pour plusieurs autres; et le suppliant n'ayant pas cessé, depuis cette révocation, de demander l'établissement de la commission susdite, l'erreur, ou l'ignorance de son premier procureur ne peut et ne doit lui causer aucun préjudice; lors, sur-tout, qu'il n'a, ni renoncé, ni pu renoncer au droit du suppliant, et qu'aucune clause, ou limitation, n'empêche ce dernier de l'exercer en tout état de cause. „

„ 10°. Qu'il est contraire à l'expérience, et même aux actes de la procédure que, pour avancer le jugement de son affaire le suppliant doive tenir la même marche que son premier procureur a suivie, et se livrer à de nouvelles discussions, en joignant, aux pièces qu'il a déjà produites, celles qu'il a encore en mains. ,,

,, Que si cette marche étoit la meilleure et la plus prompte, il faudrait en conclure que les auteurs du traité entre la France et cette Ville, et les deux Gouvernemens qui l'ont ratifié ont manqué de jugement et de lumières. ,,

,, Que, bien loin delà, on ne peut que reconnaître que les uns et les autres ont été guidés par un sentiment d'humanité et de justice en établissant, comme ils l'ont fait, par l'article neuvième de ce traité, des moyens plus prompts et moins coûteux d'instruire et de juger les affaires des citoyens français. ,,

,, 11°. Qu'il est bien prouvé, par les actes du procès, que le suppliant n'a mis aucune espèce de longueur, ou de retard, dans l'instruction : qu'au contraire, il n'a pas cessé d'en presser la décision jusqu'au moment où cette décision a été entravée par un jugement interlocutoire auquel il s'est vu forcé de se rendre opposant (1). ,,

---

(1) Ceci est un reproche adressé directement au Sénat, et jamais reproche ne fut plus mérité. Le préteur, comme on l'a vu, avait ordonné la vérification des titres de créance. Maupas s'était soumis à cette vérification. Le Sénat l'arrête et la suspend en rendant un décret qui ordonne le serment de la veuve Sieveking et de tous les affidés de sa maison. Quel est l'homme tant soit peu ju-

„ Que dès-lors, voulant prévenir de nouvelles entraves, il a demandé l'établissement de la commission particuliére pactée et convenue par l'article neuvième du traité; mais que sa demande n'ayant pas été accueillie, comme elle aurait dû l'être, il a dû s'adresser à son gouvernement pour faire observer cet article dans toute son intégrité. „

„ Que si, de cette démarche forcée, il est résulté quelque retard, celui-ci ne peut être imputé qu'à l'absence de tout ministre, ou représentant de la nation française : que le suppliant est d'ailleurs le seul qui ait pu en souffrir. „

„ 12°. Que le suppliant n'a jamais fait demande d'une commission qui doive s'occuper de concilier, ou d'accommoder les parties; qu'il a demandé et qu'il persiste à demander la commission particulière telle

---

dicieux qui ne verra pas dans ce décret la partialité du Sénat, et même l'injustice la plus criante? La vérification faite, ou les titres auraient été reconnus vrais, ou ils auraient été déclarés faux. Dans ce dernier cas le procès était fini : Dans le premier, rien ne pouvait empêcher le Sénat de recevoir toutes les preuves, présomptions, probabilités, etc. que la veuve Sieveking prétend faire admettre. Il est donc vrai de dire, que c'est le Sénat lui même qui a entravé l'instruction de l'affaire : le sens commun indique que toutes les fois que des titres sont argués de faux, on doit commencer par la vérification. Jamais dans aucun tribunal on ne s'est écarté de cette marche : le Sénat de Hambourg est le seul à faire exception.

qu'elle a été pactée et convenue par l'article neuvième du traité ; c'est-à-dire, une commission stable et permanente ; une commission occupée à entendre et recevoir les dires et raisons des parties, ainsi que toutes les nouvelles preuves qu'elles peuvent avoir à produire ; une commission, enfin ; qui, après avoir recueilli ces raisons et ces preuves en la forme convenable à toute instruction sommaire, en fasse le rapport au Sénat, et par ce moyen le mette à même de rendre un jugement définitif. „

„ 13°. Que cette demande du suppliant n'exige et ne peut exiger aucune communication à la partie adverse, puisqu'elle ne porte que sur l'exécution de l'article neuvième du traité subsistant entre la France et cette ville ; exécution que le suppliant a plein droit de réclamer, et à laquelle la partie adverse n'a aucun droit de s'opposer, „

„ 14°. Qu'enfin à ce droit aussi réel qu'évident qu'a le suppliant d'insister sur l'établissement de la commission demandée ; droit fondé sur un traité infiniment avantageux à la ville de Hambourg, viennent se joindre les considérations les plus justes et les plus puissantes. „

„ Il est, en effet, de toute vérité, et l'on offre d'en fournir la preuve, que la poursuite du procès que le suppliant s'est vu forcé d'intenter pour obtenir paiement d'une créance authentiquement prouvée lui coûte jusqu'à ce moment au-delà de 12,000 francs, soit en frais de justice, soit en frais de voyage d'un avocat et de celui qu'il a fait lui-même pour venir ici en solliciter le jugement. „

„ Il est de fait que ce débours considérable a achevé d'épuiser les restes de sa fortune. „

„ Il est de fait que tandis que sa partie adverse jouit tranquillement sur ses foyers du capital considérable qu'elle lui retient, le suppliant est dans l'impossibilité absolue de subvenir aux nouveaux frais qu'il devrait débourser encore, s'il était astreint à suivre les formes aussi lentes que compliquées auxquelles on voudrait l'assujétir. „

„ Il est de fait, que c'est sur cette impuissance que l'adversaire compte principalement pour se soustraire au paiement de la somme dont le suppliant lui fait demande. „

„ Il est de fait, enfin, que pour achever de mettre dans le plus grand jour la justice de sa cause, le suppliant n'a d'autre moyen que de faire recevoir ses raisons et ses preuves par la commission qu'il sollicite depuis près d'un an ; et que le refus de cette commission serait pour lui, dans la position où il se trouve, un véritable déni de justice. „

„ A ces causes, et par tous ces motifs réunis, il vous plaira, Magnifiques Seigneurs, nommer la commission particulière stipulée et convenue par l'article neuvième du traité subsistant entre la France et cette ville ; avec injonction à cette commission d'entendre et de recevoir en la forme convenable les dires et raisons des parties, ainsi que toutes les nouvelles preuves qu'elles peuvent avoir à produire, pour, sur le rapport qui vous en sera fait, être ensuite par le Sénat, définitivement statué ce qu'il appartiendra. „

„ Subsidiairement, en cas de refus de nommer ladite commission, recevoir la protestation que fait le suppliant contre tout ce qui sera et pourra être fait au préjudice et contre la teneur de l'article neuvième du traité ci-devant cité, et ferez justice. „

„ A. DURAN. „

On remarquera, sans beaucoup d'attention, que cette requête porte avec elle la réfutation la plus complète du décret du Sénat du 28 juillet ; et si l'on se pénètre bien, et de la justice de la demande qu'elle renferme, et des égards que le Sénat de Hambourg doit à un gouvernement tel que celui de la France, on sentira que cette requête auroit produit l'effet desiré, si peu qu'elle eût été appuyée par l'envoyé de la République. Mais cet envoyé est, comme on l'a déjà observé, le beau-frère de la veuve Sieveking, et celle-ci avait manifesté son opposition à l'établissement de la commission demandée. Aussi le Sénat ne manqua-t-il pas de s'envelopper encore de ses prétendues formes, en rendant le décret suivant.

„ Sur la requête présentée par Antoine Duran, procureur du citoyen français, Pierre Maupas, contre la veuve et héritiers du feu G. H. Sieveking, le vénérable Sénat, après en avoir fait faire lecture, a décrété :

„ Qu'il est contraire à l'ordre que de renouveler comme réplique une requête qui n'a point de conformité avec l'instruction ; et pour notifier encore une fois au Suppliant d'abréger lui-même sa cause en forme de droit, il lui est enjoint de joindre aux actes du procès dans l'espace de quatorze jours tous les titres et preuves dont il se vante, avec réplique sur l'affaire principale : à défaut, ce nouveau délai sera déclaré perdu pour lui ; et le procès jugé en l'état. Ce décret doit être aussi insinué. ,,

Hambourg, le vendredi 6 août 1802.

Quoique bien convaincu par l'expérience du passé de l'inutilité de ses démarches auprès du citoyen Reinhart, le procureur fondé du citoyen Maupas crut devoir lui écrire encore la lettre suivante, qu'il accompagna de la copie du décret du Sénat et d'une dernière requête.

« Citoyen ministre.

,, Le Sénat de cette ville persistant dans le refus qu'il a déjà fait de nommer la commission particulière stipulée par l'article neuvième du traité subsistant entre la France et cette Ville, ainsi que vous pouvez vous en convaincre par le nouveau décret qu'il a rendu le 6 de ce mois, je fais devant lui la déclaration que je me démets et désiste de tout mandat, pouvoir et qualité dans le procès du citoyen Maupas ; et je joins à cette déclaration les protestations qui peuvent s'accorder avec le respect dû à ce tribunal.

,, Si ces protestations se trouvaient n'être pas suffisantes pour la conservation des droits de mon client, ou, supposé que l'on cherche à en éluder l'effet, c'est devant vous, citoyen ministre, que je proteste itérativement, au nom de Maupas, de tout ce que le Sénat de Hambourg peut avoir fait et pourra faire de contraire au susdit traité dans l'instruction et jugement de son procès. Veuillez, citoyen ministre, en donner communication au Sénat, si la forme le requiert.

» Je joins ici la copie du décret du Sénat et de ma dernière requête, vous priant d'agréer mes très-humbles salutations.

Antoine DURAN.

Hambourg, le 18 août 1802.

Suit la requête.

Au vénérable Sénat de Hambourg.

Magnifiques seigneurs,

Supplie humblement A. Duran, procureur extrajudiciaire du Citoyen Pierre Maupas, négociant français, disant : qu'il ne s'est chargé de la poursuite du procès que ledit Maupas soutient contre la veuve et les héritiers Sieveking que dans la croyance et persuasion que l'article neuvième du traité subsistant entre la France et cette ville est applicable en tout sens à cette cause ; et qu'il est, par conséquent, de droit qu'elle soit instruite et jugée en la forme expliquée et convenue par cet article.

» Que le Sénat ayant, cependant, refusé, par ses deux décrets des 28 du mois passé et 6 du courant, de nommer la commission que le suppliant a demandée dans ses requêtes des 18 septembre 1801, 20 juillet et 6 août de cette année; en même-tems que le respect interdit à ce dernier de nouvelles observations sur ce refus, le devoir lui commande de cesser toute poursuite ultérieure dans cette affaire. »

« A ces causes, il vous plaira, Magnifiques Seigneurs, recevoir la déclaration que fait le suppliant que, dès ce moment, il se démet et désiste, en la meilleure forme de droit, de tout mandat, pouvoir et qualité à lui donnés par le citoyen Maupas dans son procès contre la veuve et héritiers de G. H. Sieveking; qu'il renonce expressément à tous droits ainsi qu'à toutes charges et obligations qui peuvent dériver de ce mandat (1), et que, de plus, il proteste de la nullité et inutilité de toutes citations, communications, significations et autres actes juridiques qui peuvent avoir été et qui pourront être faits dans cette affaire en toute autre forme que celle qui a été pactée et convenue par l'article neuvième du traité subsistant entre la France et cette Ville; »

« Et comme le suppliant s'est empressé de donner connaissance au citoyen Pierre Maupas, tant des deux décrets du Sénat précités que de sa démission et renonciation au mandat qu'il en avait reçu, en le pré-

---

(1) Le Sieur Duran n'a jamais été procureur de Maupas, à titre d'office, mais un simple fondé de procuration pour la poursuite de son procès. Les lois de Hambourg admettent les particuliers à cette sorte de mandats.

venant de pourvoir désormais, par tels moyens qu'il avisera, à la défense et poursuite de sa cause, il vous plaira, Magnifiques Seigneurs, procéder sur tout ce que dessus conformément à justice, et ferez bien, »

A. DURAN.

Hambourg, ce 13 août 1802.

Sur le vu de cette requête le Sénat de Hambourg ne refusa pas seulement d'admettre la renonciation et le désistement du procureur fondé de Maupas ; il entreprit encore de le contraindre à poursuivre l'instance ; et pour cet effet, comme ce procureur fondé n'avait pas voulu faire signifier à la veuve Sieveking les deux décrets des 28 juillet et 6 août, attendu que la demande de la commission était tout-à-fait étrangère au fond de l'affaire, le Sénat le condamna à plusieurs amendes qui, jointes aux frais d'exécution, se sont élevées à 71 marcks 8 schelings (environ 115 l. tournois).

En payant cette somme chez le prêteur, le procureur fondé de Maupas fut instruit par ce magistrat que s'il s'obstinait à ne pas répondre, le Sénat multiplierait les amendes et que chaque fois celles-ci seraient plus considérables. Pour se soustraire donc à de nouvelles vexations, et peut-être à des violences, ce procureur fondé ne vit plus d'autre moyen que celui de recourir au commissaire des relations commerciales de la République Française, entre les mains duquel il remit sa renonciation formelle au titre et qualité de bourgeois de Hambourg, en réclamant en même tems la protection de son gouvernement naturel.

Il renvoya en même tems au Sénat ses lettres de bourgeoisie et sa renonciation à celle-ci, dont le commissaire des relations commerciales lui avait délivré acte. Ces deux pièces furent jointes à la requête qu'on va lire.

„ Au vénérable Sénat de Hambourg.

„ Magnifiques Seigneurs,

„ Lorsqu'en donnant pouvoir d'agir en son nom, un particulier conserve le droit de révoquer ce pouvoir à sa volonté, il est de conséquence forcée que celui qui l'a reçu puisse s'en désister quand bon lui semble. Si l'un est libre d'ôter ce qu'il donne, l'autre ne l'est pas moins de s'en dessaisir. „

„ Que si ce particulier a limité son mandat par des instructions que le procureur fondé se soit engagé à suivre; c'est une loi pour ce dernier de ne pas s'en écarter. Vouloir le contraindre à agir contre sa volonté, contre son devoir, contre les intérêts de son commettant; c'est un acte que le respect seul m'empêche de qualifier. „

„ En me constituant son procureur fondé, Pierre Maupas m'a enjoint, comme je vous l'ai déjà observé, de ne suivre l'instruction de son procès que devant la commission particulière pactée et convenue par l'article neuvième du traité subsistant entre la France et cette Ville. En conséquence, je n'ai pas discontinué, depuis un an, de solliciter l'établissement de cette commission. Mais, de quelque démonstration que j'aie accompagné cette demande, le Sénat a constamment refusé de l'accorder. »

„ Dans cet état de choses, que pouvais-je, et que devais-je faire? Continuer l'instruction dans les formes que le Sénat voudrait conserver et que le gouvernement français a entendu et voulu proscrire? C'eût été, Magnifiques Seigneurs, trahir ma conscience, les droits de mon pays, les intérêts de Maupas; c'eût été me rendre coupable d'un abus de confiance; c'eût été, dans une affaire qui m'est étrangère, attirer sur moi une responsabilité préjudiciable. „

„ Ne pouvant plus agir suivant l'intention et les ordres de mon client, j'ai donc dû nécessairement faire la déclaration et les protestations consignées dans ma requête du 18 du mois passé, à laquelle je me réfère. Il est bien prouvé par cette requête que ce n'est pas volontairement que j'ai renoncé à la défense de Pierre Maupas; que c'est, au contraire, le Sénat qui m'y a forcé, en refusant d'admettre cette défense dans la forme convenue par l'article neuvième du traité subsistant entre la France et cette Ville. Qu'on exécute cet article, et je suis prêt à reprendre mon ministère. „

„ Je me serais borné là, Magnifiques Seigneurs: c'était tout ce qu'il fallait pour assurer les droits de mon client. Mais le Sénat, dans le dessein sans doute de forcer ma volonté et de faire taire mon devoir, s'est cru permis de déployer contre moi des moyens de contrainte ; et dès-lors, pour éviter un combat trop inégal, j'ai dû recourir, de mon côté, aux moyens de me soustraire à des actes de pouvoir que je ne crois pas du tout autorisés par aucune des lois du code de Justinien. En conséquence, je me suis mis sous la protection et sauve-garde de mon gouvernement naturel, ainsi qu'il conste de la déclaration que je remets ci-jointe. »

» J'ai, par cette déclaration, formellement renoncé, entre les mains du commissaire des relations commerciales de la République Française, qui l'a reçue et qui m'en a délivré acte, à la qualité et aux droits de bourgeois de Hambourg. Je fais la même renonciation devant le Sénat ; et je lui rends, en conséquence, les lettres de bourgeoisie qu'il m'avait fait délivrer. C'est la seule formalité que tout Français, devenu bourgeois, ait à remplir pour cesser d'être sujet de cet État. L'article troisième du traité subsistant avec la France ne permet pas le moindre doute à cet égard. »

» Hambourg, ce 18 septembre 1802.

A. DURAN.

Peu de tems après la présentation de cette requête le procureur fondé de Maupas ayant quitté la ville de Hambourg pour retourner en France, on ignore les dispositions ultérieures que le Sénat a pu faire.

S'il fallait s'en rapporter à certains avis fondés, à ce qu'il paraît, sur ce qu'il a plu à la veuve Sieveking de faire insérer dans les gazettes de son pays, le Sénat aurait rendu, le 24 du mois de novembre passé, un décret confirmatif de celui du 5 juin 1801, qui admet cette veuve et les affidés de sa maison à prêter serment, qu'ils n'ont aucune connaissance de la créance de Maupas; que cette créance n'est pas inscrite dans les livres de commerce; qu'il ne s'en trouve aucun vestige dans les papiers de feu Sieveking, etc. etc. etc.

Suivant les mêmes avis encore, le Sénat aurait hésité à recevoir ces sermens intéressés, faute de signification légale de ce dernier décret; et la veuve Sieveking se serait pourvue devant la basse-justice, pour faire citer Maupas à comparoir à jour fixe pour voir prêter ces sermens.

S'il y a quelque chose de vrai dans ces procédés, quelque extraordinaires, quelque irréguliers qu'ils paraissent, lors, sur-tout, que le Sénat de Hambourg est parfaitement instruit que Maupas est en réclamation auprès du gouvernement pour faire exécuter l'article neuvième du traité de 1769; et lorsque, par conséquent, il ne saurait se dissimuler qu'il n'est pas le maître d'expliquer et d'interpréter cet article au gré de sa partialité, ou de son caprice; quelque extraordinaires, disons-nous, quelque irréguliers que puissent paraître ces procédés, ils ne doivent pas surprendre. Quand ce Sénat a eu l'impudeur de vouloir balancer des titres écrits aussi clairs qu'évidens par le serment de la partie intéressée à en nier l'existence: quand ce Sénat a pu concevoir l'idée que par des sermens on puisse atténuer et même détruire la force d'une reconnaissance : quand, enfin, ce même Sénat a montré la coupable intention de séparer de cette reconnaissance les lettres missives qui en expliquent les motifs, qui en ont accompagné l'envoi et qui en expriment la valeur ; c'est au public honnête et impartial à juger ce que tout Français peut et doit en attendre (1).

Quelque soit, du reste, l'opinion que l'on puisse se former à cet égard, les faits et les actes que l'on

---

(1) On ne croit pas devoir dire un seul mot de la prétention de la veuve Sieveking ; elle est trop méprisable. Si un négociant français s'avisait d'arguer de faux un titre de créance qui lui serait présenté ; et qu'au lieu d'en demander et d'en poursuivre lui-même la vérification, il s'y opposât de toutes ses forces, et prétendît substituer son serment à cette vérification, un cri général d'indignation se ferait entendre ; le jugement du public préviendrait celui du tribunal devant lequel se trouverait portée une pareille instance : pas un homme honnête ne voudrait communiquer désormais avec ce négociant, qui déjà serait flétri par l'opinion. A Hambourg, on est loin de connaître et de sentir cette délicatesse. L'intérêt seul y règle toutes choses. Avec de la richesse, on est sûr d'y jouir de la plus grande considération. C'est dans ce sens qu'il faut entendre les partisans de la maison Sieveking, lorsqu'ils présentent cette maison, comme une maison respectable. Le mot respectable veut dire une maison à qui l'on suppose une fortune de quelques cent mille marcks.

vient de rapporter justifient et prouvent complètement tout ce qui a été avancé dans la remarque sur l'article neuvième du traité. Il ne reste plus qu'une seule réflexion à présenter au public éclairé.

D'après nos lois, tout plaideur a le droit de récuser le juge qui est parent, allié, ou simplement ami de sa partie adverse. Il est même rare qu'un juge attende cette récusation : s'il a quelque délicatesse, il la prévient ; il se départ de lui-même pour ne pas donner lieu aux soupçons.

Un ministre plénipotentiaire a-t-il moins d'influence que n'en a le juge ? Celui qui, par le devoir de sa place, doit servir de protecteur et d'appui aux Français dans les pays étrangers, n'est-il pas, au contraire, plus que personne en état de leur nuire, s'il y est excité par quelqu'intérêt personnel?

Cela étant ainsi, quel est donc le sort qui attend les Français qui ont et qui auront des réclamations à former à Hambourg? Quelle qu'en soit la justice, de quelques titres qu'elles soient appuyées, quels succès peuvent-ils s'en promettre? On arguera ces titres de faux ; mais on ne les vérifiera point. On les fera passer pour des faussaires, pour des voleurs ; mais on leur refusera en même tems tout moyen de justification. Le serment d'un Hambourgeois est la preuve par excellence, la meilleure et la plus efficace de toutes les preuves : elle efface, elle anéantit les titres les plus authentiques.

S'aviseront-ils d'invoquer les traités, d'en réclamer

l'exécution, de demander la protection et l'appui du citoyen Reinhart? Celui-ci, bien loin de les leur accorder, les dépeindra au gouvernement, comme des intrigans, ou comme des fourbes ; et c'est là ce qui est arrivé à Maupas; et c'est là ce qui arrivera à quiconque se trouvera avoir à démêler avec la nombreuse parentèle du citoyen Reinhart. *Avis à tous les négocians français qui ont des relations avec la ville de Hambourg* (1).

Espérons, cependant ; oui, espérons avec confiance que le gouvernement éclairé sur des vices aussi grands, sur des abus aussi condamnables, s'empressera d'y mettre un terme. Espérons qu'il ne souffrira pas qu'un de ses mandataires, quel qu'il soit, sacrifie à son intérêt personnel les droits les plus sacrés de ses compatriotes qui peuvent avoir besoin de sa justice et

(1) On a voulu faire passer Pierre Maupas, pour un banqueroutier, pour un homme sans fortune et sans propriétés. Celui-ci a repondu à cela par un certificat de la chambre de commerce de cette ville, qui prouve qu'il n'a jamais fait faillite, et par un état authentique des biens qu'il possède encore, dont le revenu net se porte aux environs de 8000 liv. par année. Ces deux pièces ont été remises à M. Durant, chef de division de département au ministère des relations extérieures. Tout cela est bien étranger à la question, dira-t-on sans doute? Oui, mais tout cela prouve avec évidence que ce n'est pas sur des conjectures qu'on raisonne, mais sur des faits bien avérés.

de son appui. Flattons-nous enfin, de l'espoir qu'une chétive autorité, telle que le Sénat de Hambourg ne fera pas impunément la loi au gouvernement d'une grande nation, en outrageant, en vexant de toutes les manières les citoyens français, et en éludant le peu que contient de favorable à la France le traité de commerce conclu en 1769.

MAUPAS.

Ière. CONSULTATION.

L'ANCIEN Jurisconsulte, qui a lu le mémoire ci-dessus et des autres parts, pour le cit. Maupas, ainsi que toutes les pièces qui y sont énoncées,

Estime que, quoiqu'il ne s'agisse que d'une affaire particulière, la réclamation à laquelle elle donne lieu intéresse si essentiellement le commerce français, qu'il n'est pas permis de douter que le Gouvernement ne l'appuie de son autorité.

Les étrangers, de quelque nation qu'ils soient, obtiennent justice en France. Ils l'obtiennent prompte, souvent plutôt que les Français eux-mêmes; et les Français ne l'obtiennent jamais à Hambourg contre les Hambourgeois. On les fatigue, on les épuise en longueurs, en procédures et en frais. Jamais le procès ne finit. Il faut l'abandonner, et faire le sacrifice de tous ses droits, ou souscrire à toutes les conditions imposées par le citoyen de Hambourg. Ne fût-il que le plus petit mercadin, il est dans sa boutique comme dans une forteresse inaccessible : mais c'est bien pis encore, lorsqu'il tient aux familles sénatoriales; le Français ne peut l'atteindre : il ne trouve pas même d'officiers ministériels qui veuillent, ou osent le servir.

Depuis long-tems le commerce Français se plaignait de cette espèce de piraterie, lorsque fut fait le traité du premier avril 1769.

Il n'est pas difficile de voir, en lisant ce traité, combien les intérêts de la France y ont été peu ménagés. Les Hambourgeois en auraient dicté seuls toutes les conditions, qu'ils n'y auraient pas été plus favorisés. Pas un de ces articles qui ne prouve que l'homme de cour qui l'a conclu n'était, ni un habile politique, ni un jurisconsulte, ni un négociant. Mais, au moins, il y avait été convenu qu'en attendant l'établissement d'un tribunal particulier pour juger promptement toutes les affaires contentieuses des Français dans la ville de Hambourg, il y serait provisoirement établi une commission particulière pour la plus prompte instruction et décision des affaires de commerce; et qu'à l'égard de tous les procès, autres que ceux relatifs au commerce, le Sénat pourvoirait par un règlement à ce qu'ils fussent terminés le plutôt possible, et au plus tard dans un an, à compter du jour de la première assignation, si la nature de l'instruction ne s'y opposait pas évidemment.

Le Sénat de Hambourg qui s'y était obligé, devait donc établir la commission particulière, pour les affaires de commerce et faire le réglement convenu pour toutes les autres sortes d'affaires ; et rien n'a été fait. Les Hambourgeois ont joui de tous les avantages que leur accordait le traité. Mais le Sénat de Hambourg n'a tenu aucun compte de l'engagement qui en avait été la condition, et les Français sont restés, comme ils l'étaient, soumis à toutes les entraves, à toutes les longueurs, à tous les subterfuges de la chicane, de la cupidité et de la mauvaise foi des Hambourgeois.

Il est tems que ce désordre finisse. Le cit. Maupas demande depuis deux ans l'établissement de la commission promise; et depuis deux ans le Sénat de Hambourg refuse de faire droit à sa demande. Il n'a pas la force pour l'y contraindre; mais ce qui lui manque le Gouvernement l'a. Il a déjà annoncé sa volonté de le protéger par les ordres qu'il a donnés au cit. Reinhart son ministre à Hambourg ; et sa protection ne sera pas sans effet. Le négociant français obligé de demander justice à Hambourg n'y sera plus impitoyablement sacrifié et ruiné.

Le prétexte allégué par le Sénat de Hambourg, que l'affaire dont il s'agit n'est point une affaire de commerce, n'est évidemment qu'un vain subterfuge. Le citoyen Maupas et le sieur Sieveking étaient, l'un et l'autre, des négocians. La reconnaissance souscrite par le dernier a eu pour cause une négociation de banque. L'affaire à laquelle cette reconnaissance donne lieu, est, donc, bien constamment et bien évidemment une affaire de commerce. Mais il s'agit d'une somme importante due à un français par une maison riche et puissante de Hambourg ; et on ne voudrait pas qu'une maison de Hambourg payât une pareille somme à un Français. Voilà le vrai motif de toutes les difficultés et du déni de justice.

Le citoyen Maupas n'a pas à redouter les liaisons de parenté et d'intérêt du citoyen Reinhart avec la famille Sieveking sa débitrice.

On sait bien qu'en général on agit difficilement et faiblement contre ses intérêts personnels et contre ceux de ses proches ; et c'est pour cela qu'il serait peut-être à souhaiter que les hommes en place n'eussent point leurs familles dans les lieux confiés à leur administration. Mais le cit. Reinhart a la réputation d'un homme d'honneur. Il remplira les devoirs de son ministère ; et, s'il était possible qu'il ne les remplît pas, le gouvernement auquel il doit compte, ne manquerait pas de l'y rappeler.

Délibéré à Paris, *le* 4 *germinal an* 11.

Signé, JOLLY.

IIe. CONSULTATION

LE Conseil soussignés qui a lu les judicieuses remarques faites sur le traité de Navigation et de Commerce entre la France et la ville de Hambourg, ensemble une consultation signée JOLLY.

Estime, par les mêmes motifs qui ont servi de base à l'opinion de ce célébre jurisconsulte, que la réclamation à laquelle ce traité donne lieu, soit pour l'intérêt privé des parties, soit pour celui de tout le commerce de France, est conforme aux vrais principes; qu'il y a lieu de présumer que le Gouvernement Français s'empressera de l'accueillir favorablement, et fera rendre justice aux intéressés.

Délibéré à Paris, le 9 germinal an XI, par les anciens jurisconsultes.

BOYELDIEU.

F.-N. DUFRICHE FOULAINES.

IIIe. CONSULTATION.

Le Conseil soussigné qui a pris lecture 1°. d'un écrit intitulé, *Mémoire pour le citoyen Maupas, négociant français, contre la veuve et héritiers de G. H. Sieveking, habitant de Hambourg.*

2°. D'un autre écrit aussi intitulé : *Appel au Gouvernement Français sur les vices et l'inexécution du traité de navigation et de commerce, subsistant entre la France et la ville de Hambourg.*

Consulté sur les questions suivantes :

Iere. *L'art. neuvième du traité de navigation et de commerce, ci-dessus cité, peut-il être entendu autrement et en tout autre sens que celui que lui donne l'auteur des observations ?*

IIe. *Après les protestations faites par le citoyen Maupas, contre l'inexécution de cet article neuvième du traité, et la dénonciation qu'il a faite au Sénat, de sa réclamation et de son recours au gouvernement français, le Sénat de Hambourg a-t-il pu se permettre de passer outre, et se rendre juge en sa propre cause, relativement à l'interprétation du susdit article neuvième ?*

IIIe. *La pleine et entière exécution de cet article, n'est-elle pas de la plus grande importance pour le commerce français ? Et n'est-il pas du devoir du gouvernement, de forcer le Sénat de Hambourg à remplir l'engagement que lui impose ce même article ?*

IVe. *Le Sénat de Hambourg, a-t-il suivi dans l'instruction de l'affaire de Maupas, la marche que les lois et le seul bon sens indiquaient ? et ne s'est-il pas, au contraire, écarté de toutes les règles de la justice, en ordonnant le serment de la veuve Sieveking, et celui des affidés de sa maison, avant que d'avoir fait procéder à la vérification des titres produits par Maupas ?*

Délibérant sur ces questions, et considérant sur la première.

1°. Que l'article neuvième ci-dessus cité, porte en termes formels l'obligation de la part du Sénat de Hambourg, d'établir *provisionnellement*, (en attendant l'établissement d'un tribunal particulier, pour juger promptement toutes les affaires contentieuses des Français dans la ville de Hambourg,) une commission particulière pour la plus prompte instruction et décision des affaires de commerce, soit en accommodant les parties, soit en référant au Sénat, ne suspendant qu'à cette condition les arrangemens à prendre, de part et d'autre, pour l'établissement du susdit tribunal particulier.

2°. Que d'après les titres et la nature de la créance du citoyen Maupas, il ne peut y avoir aucun doute que l'affaire dont il s'agit, est une affaire de commerce, puisqu'elle tire sa source d'une négociation de mandats faite par un négociant à un autre négociant, pour le montant de laquelle ce dernier a fourni une reconnaissance de 80,000 marcks de banque.

3°. Qu'en supposant pour un instant, ce que nous sommes bien éloignés d'admettre, que cette affaire ne fût pas une affaire de commerce, elle ne pouvait être jugée que par le tribunal que devait établir le Sénat de Hambourg, ou du moins d'après le réglement qu'il devait faire suivant le même article neuvième ; tribunal et réglement que les Français attendent en vain depuis trente trois ans.

4°. Que sous le premier rapport, la demande formée par le citoyen Maupas, pour l'établissement d'une commission conforme aux dispositions de l'article neuvième du traité dont il s'agit, ne devait éprouver aucune espèce de difficulté.

5°. Que les prétextes sur lesquels le décret du 28 juillet de l'année dernière, a fondé le refus d'accueillir la demande du citoyen Maupas, sont sans aucun fondement.

6°. Qu'en effet, le Sénat de Hambourg ne pouvait prétendre que la voie de la procédure ordinaire fût plus prompte pour la conclusion de l'affaire dont il s'agit, que celle de l'établissement de la commission demandée ; puisque, d'un côté, cette dernière mesure n'avait été proposée et adoptée, que pour obvier aux longueurs inséparables de la première ; longueurs qui avaient excité une réclamation générale que l'article neuvième avait pour objet de faire cesser ; puisque, d'un autre côté, il ne s'agissait pas de discuter les avantages ou les inconvéniens des dispositions de l'article neuvième, mais seulement de les exécuter.

7°. Que le Sénat n'avait pas pu dire que la voie de la commission demandée, ne pouvait convenir à la prétention de la dette dont était question ; puisqu'il était constant, comme nous l'avons démontré, que l'affaire dont il s'agit, avait pour objet une négociation de mandats faite par un négociant à un autre négociant.

8°. Que la commission dont il est question,

article neuvième du traité, devant exister jusqu'à l'établissement du tribunal convenu, et le supléer, devait être stable, permanente, et telle que les citoyens Français pussent s'adresser à elle, en tout tems ; que conséquemment l'offre faite par le Sénat, par son décret du 28 juillet de l'année dernière, de nommer, dans le cas où les parties seraient inclinées à vider l'affaire à l'amiable, une commission passagère de deux sénateurs auxquels elles seraient obligées de porter leurs dires et raisons dans l'espace de quatorze jours, ne remplissait nullement le vœu de l'article neuvième portant l'établissement d'une commission qui pouvait, à la vérite accommoder les parties, mais qui, dans le cas contraire, devait en référer au Sénat.

Enfin, que les avantages résultant de l'article neuvième, sont communs à tous les Français, et que chacun d'eux a le droit d'en réclamer l'exécution.

Considérant sur la seconde question.

1°. Que le Sénat de Hambourg ne peut, sans violer ouvertement les conventions contenues dans le traité du premier avril 1769, et sur-tout en l'article neuvième, refuser l'établissement de la commission dont il est question toutes les fois qu'elle est reclamée par un citoyen Français.

2°. Qu'il est contraire aux premières notions, et à tous les principes de la raison, de l'équité, et de la saine politique, que le Sénat de Hambourg s'arroge le droit de statuer seul et sans le concours du gouvernement français sur la non exécution d'une obligation contractée par ce Sénat envers le même gouvernement.

3°. Qu'au surplus, si le Sénat a pu croire pendant quelque tems qu'il avait le droit de statuer seul sur la demande du citoyen Maupas, à fin d'établissement de la commission dont il s'agit, il a dû reconnaître que cette faculté lui était interdite, dès l'instant où ce dernier avait eu recours au gouvernement français, pour réclamer près de lui l'exécution de l'article neuvième du traité.

4°. Que le Sénat n'a pas pu ignorer le recours du citoyen Maupas au gouvernement français, puisqu'il lui a été dénoncé, par une requête que Maupas lui a présentée, et par laquelle il a en outre déclaré, qu'en cas de refus de nommer la commission demandée, il protestait contre tout ce qui serait et pourrait être fait contre la teneur de l'article neuvième; protestation qu'il a réitérée depuis entre les mains du ministre de la république française par la lettre du 15 août 1802 (v. st.).

5°, Que tous les décrets rendus par le Sénat de Hambourg, avant et depuis les dénonciations et protestations du citoyen Maupas, doivent être considérés comme nuls et non avenus, à moins que l'on n'admette que le Sénat de Hambourg peut être juge dans sa propre cause; ce qui est trop contraire à la justice, pour qu'on puisse le supposer.

6°.

6°. Qu'il en doit être de même de tous les décrets que le Sénat de Hambourg pourra rendre par la suite dans le système par lui adopté.

Considérant sur la troisième question.

1°. Qu'il n'est pas permis de douter que la pleine et entière exécution de l'article neuvieme dont il s'agit ne soit du plus grand intérêt, de la plus grande importance pour le commerce français, puisque l'établissement d'un tribunal particulier, pour juger les affaires contentieuses des citoyens français dans la ville de Hambourg, ou du moins d'une commission provisionnelle pour les affaires de commerce, et d'un réglement particulier pour les autres affaires, a fixé l'attention de l'ancien gouvernement éveillé par les réclamations qui s'élevaient de toutes parts contre la longueur des procédures usitées à Hambourg.

2°. Qu'il ne s'agit pas en cet instant de discuter les avantages ou les inconvéniens des mesures adoptées par l'article neuvième, mais bien de les exécuter, jusqu'à ce qu'elles aient été anéanties ou modifiées par le concours des deux gouvernemens qui les ont arrêtées.

3°. Que l'importance de l'exécution des dispositions de cet article neuvième ne peut plus être un problême, s'il est vrai, comme on l'assure dans les mémoires, que les réclamations judiciaires, quelque bien fondées qu'elles soient, entraînent toujours à Hambourg des longueurs désespérantes pour les créanciers, ruineuses par les frais et les dépenses qu'elles occasionnent, sans qu'on puisse citer un succès dans une affaire de quelque importance.

4°. Que la sollicitude du gouvernement français, pour le maintien des droits de tous les citoyens, se manifeste journellement par des actes trop fréquens et trop multipliés, pour qu'il soit permis de mettre en question s'il interposera sa salutaire et puissante influence pour conserver le respect dû à l'exécution de l'article neuvième du traité dont il s'agit.

Considérant sur la quatrième question.

1°. Que la réclamation du citoyen Maupas, contre la veuve et héritiers Sieveking, est fondée sur des titres, les uns écrits en entier et signés de la main de Sieveking, les autres seulement signés de lui; mais tous s'accordant, se corroborant mutuellement, de telle sorte qu'ils forment, pour tout être juste et impartial, un de ces faisceaux d'évidence qui entraînent un assentiment universel.

2°, Que la raison veut, que l'équité prescrit et que la justice commande d'ajouter foi pleine et entière à de pareils titres, jusqu'à ce que l'écriture et la signature de celui qui les a souscrits, soient reconnues fausses ou au moins arguées de faux suivant les formes prescrites par les lois.

3°. Que sur la demande formée par Maupas, en paiement des 80,000 marcks de banque devant le prêteur de la ville de Hambourg, la veuve Sieveking ne se défendit que par le silence de ses livres, par l'ignorance absolue où elle prétendait être de l'existence de cette créance, qu'elle n'offrit que son serment, celui de ses associés, de ses commis ; qu'elle ne demanda, enfin, qu'à jurer *que la reconnaissance et les lettres étaient fausses et falsifiées.*

4°. Que cette singulière défense, par laquelle la débitrice se rendait juge dans sa propre cause, et se libérait par une simple dénégation, a été rejettée, comme elle devait l'être, par le prêteur, qui, le 14 janvier 1801 (v. st.), rendit une sentence, par laquelle il ordonna que Pierre Maupas serait tenu de prouver la vérité et l'authenticité des écritures et signatures par lui représentées.

5°. Que sur l'appel interjetté de cette sentence, par la veuve Sieveking, elle a surpris à la religion du Sénat, le 5 juin de la même année, un décret qui l'admet, elle, ses associés, son teneur de livres à prêter serment, *que leurs livres de commerce sont en règle, que la créance de Maupas ne s'y trouve pas inscrite, qu'elle croit la reconnaissance fausse et falsifiée.*

6°. Que Maupas s'est (suivant le style du pays) pourvu en restitution en entier contre ce décret, ce qui équivaut à une opposition ; que quoiqu'il ait démontré jusqu'au dernier degré d'évidence l'injustice de la mesure adoptée par le Sénat, ce tribunal ne paraît pas moins persister dans le système qu'il a adopté.

7°. Que soit que l'on consulte les lois françaises, d'après lesquelles les titres dont il s'agit doivent être jugés, *le contrat ayant été passé en France ;*

Soit que l'on se reporte aux lois romaines, que l'on assure être observées dans la ville de Hambourg, dans les cas non prévus par la coutume ;

Soit, enfin, que l'on s'arrête aux statuts même de cette ville, sur lesquels il paraît que la veuve Sieveking cherche à établir le commode systême de sa singulière libération ; on ne rencontre nulle part aucune trace des autorités sur lesquelles le Sénat a basé cette doctrine, *que l'héritier peut se dégager des demandes importunes des créanciers de son auteur, fondées sur des titres, quelque authentiques qu'ils soient, en offrant d'affirmer, et sans aucune autre preuve, que ces titres lui paraissent faux ou falsifiés.*

8°. Que toutes les lois dont nous avons parlé plus haut, et même les statuts de la ville de Hambourg, contiennent une foule de textes et de dispositions diamétralement opposés à la jurisprudence consignée dans les décrets du Sénat de Hambourg.

Enfin, que l'injustice de ces décrets est démontrée si évidemment dans l'écrit intitulé *Mémoire pour le citoyen Maupas*, que l'on ne pourrait rien ajouter à la discussion, à la fois érudite et lumineuse, qu'il renferme ;

ESTIME,

Sur la première question.

1°. Que le citoyen Maupas est bien fondé dans sa demande à fin d'établissement de la commission convenue par l'article neuvième du traité de 1769.

2°. Que l'affaire dont il s'agit est commerciale, et conséquemment de la compétence de la commission demandée.

3°. Que le citoyen Maupas a pu, en tout état de cause, et sans qu'on puisse lui opposer des fins de non recevoir, user du droit que lui accordait l'article neuvième.

4°. Que tous les décrets par lesquels le Sénat de Hambourg a, implicitement ou explicitement, rejetté la demande du citoyen Maupas, afin d'établissement de la commission dont il s'agit, sont autant de violations des dispositions de l'article neuvième.

Sur la seconde question.

1°. Que les réclamations du citoyen Maupas intéressent tous les citoyens français qui peuvent avoir des affaires à Hambourg ; que s'agissant, non de l'interprétation, mais de l'exécution d'un article de traité clair et précis passé entre les deux gouvernemens de France et de Hambourg, ce dernier n'a pas pu s'arroger le droit de statuer seul sur une question qui intéresse les citoyens des deux pays.

2°. Que le Sénat ne l'a pas pu, sur-tout, depuis que le citoyen Maupas l'a instruit par une dénonciation précise, qu'il avait eu recours au gouvernement français, pour réclamer de sa justice l'exécution de l'article neuvième.

Sur la troisième question.

1°. Que le citoyen Maupas peut avec confiance suivre auprès du gouvernement français l'effet de sa réclamation, et qu'il a de justes raisons d'espérer qu'elle sera favorablement accueillie.

2°. Que s'il n'a pas été statué avant le 15 avril prochain *(v. s.)* sur sa réclamation, et si le Sénat passe outre en recevant le serment de la veuve Sieveking, il doit réitérer avant et après le décret, les protestations par lui déjà faites et y persister.

Enfin que si, au mépris de ces protestations, le Sénat de Hambourg rend, le 15 avril prochain, un décret définitif dans le systême par lui adopté, le citoyen Maupas ne devra pas balancer à réclamer contre ce dernier décret, comme il l'a fait contre ceux rendus précédemment.

Sur la quatrième question.

Qu'en admettant que le Sénat de Hambourg eût été compétent pour connaître de l'affaire dont il s'agit, les décrets par lesquels il aurait admis la veuve Sieveking à jurer, qu'elle croyait les lettres et la reconnaissance fausses et falsifiées, et par lesquelles il aurait, sous ce seul prétexte, renvoyé cette veuve et les héritiers Sieveking de la demande, en paiement des 80,000 marcks de banque et intérêts depuis l'an 4, fondée sur des titres multipliés, serait contraire aux lois et à la jurisprudence de toutes les nations policées, tant anciennes, que modernes.

Délibéré à Paris, ce 10 germinal an 11, de la république française une et indivisible.

Signés PRIEUR, (*de la Marne*)
BERRYER,
L. CAILLE,
BITOUZE-DESLIGNIERES,
LEGOT,
BECQUEY-BEAUPRÉ,
Jurisconsultes.

De l'Imprimerie Expéditive dirigée par d'Odoucet, rue S.-Benoît, N°. 21.

www.ingramcontent.com/pod-product-compliance
Ingram Content Group UK Ltd.
Pitfield, Milton Keynes, MK11 3LW, UK
UKHW021309190726
13839UKWH00007B/551